Karl R. Popper / Konrad Lorenz
Die Zukunft ist offen

SERIE PIPER
Band 340

Zu diesem Buch

Die in diesem Band veröffentlichten Texte lassen den Leser an zwei Ereignissen des Jahres 1983 teilnehmen, die Aufsehen erregten. Im Februar 1983 trafen sich zwei weltberühmte Wissenschaftler in Altenberg bei Wien. Karl R. Popper – Wissenschaftstheoretiker und Philosoph – und Konrad Lorenz – Arzt, Zoologe und Verhaltensforscher – diskutierten über ihre wissenschaftliche Arbeit, die Interpretation ihrer Ergebnisse und über ihre philosophischen Überzeugungen. Zentrales Thema: Was wissen wir über die Zukunft? Sind wir Propheten: Der optimistische Pessimist Lorenz und der Interpret der »besten aller bisherigen Welten« Popper sind sich darin einig, daß unsere Welt biologisch und geistig offen ist.

Im Mai 1983 fand in Wien ein dreitägiges Symposium aus Anlaß des 80. Geburtstages von Sir Karl Popper statt. Unter den Überschriften »Wissenschaft und Hypothese«, »Die drei Welten« und »Die offene Gesellschaft« diskutierte Popper mit Kollegen über sein Denken. Eine Formel dafür könnte lauten: Dies ist keine Welt der Bestätigung von Wahrheiten, sondern eine Welt der Widerlegung von Irrtümern. Aber es gibt die Welt, und es gibt auch die Wahrheit; nur Sicherheit über Welt und Wahrheit kann es nicht geben.

Sir Karl R. Popper, geboren 1902 in Wien, Professor (emeritus) für Logik und wissenschaftliche Methodenlehre an der Universität London, Mitglied der Royal Society, des Institut de France, der Accademia Nazionale dei Lincei und zahlreicher wissenschaftlicher Gesellschaften.

Konrad Lorenz, geboren 1903 in Wien, gestorben 1989 in Wien, Arzt und Zoologe, 1940 Professor für vergleichende Psychologie in Königsberg, 1950–1973 Direktor am Max-Planck-Institut für Verhaltensphysiologie in Buldern, später Seewiesen. 1973 Nobelpreis für Physiologie und Medizin.

Franz Kreuzer, geboren 1929 in Wien, bis 1966 Reporter, Ressortleiter und Chefredakteur der »Arbeiterzeitung«, bis 1974 Chefredakteur des aktuellen Dienstes, 1974–1978 Intendant des zweiten Fernsehprogramms im ORF, ab 1979 Chefredakteur, ab 1984 Informations-Intendant des ORF, Wien, 1986/87 österreichischer Bundesminister für Gesundheit und Umweltschutz.

Franz Kreuzer hat das Altenberger Gespräch und das Popper-Symposium moderiert.

Karl R. Popper / Konrad Lorenz

DIE ZUKUNFT IST OFFEN

Das Altenberger Gespräch

Mit den Texten des Wiener Popper-Symposiums

Herausgegeben von Franz Kreuzer

Mit Beiträgen von Roman Sexl, Rupert Riedl, Friedrich Wallner, Paul Weingartner, Irene Papadaki, Franz Seitelberger, Marianne Fillenz, Gerhard Vollmer, W. W. Bartley III, Gerard Radnitzky, Ivan Slade, Alexandre Petrovic, Peter Michael Lingens und Norbert Leser

Piper
München · Zürich

Von Konrad Lorenz liegen in der Serie Piper
außerdem vor:
Die acht Todsünden der zivilisierten Menschheit (50)
Leben ist Lernen (mit Franz Kreuzer) (223)
Das Wirkungsgefüge der Natur und das Schicksal
des Menschen (309)
Über tierisches und menschliches Verhalten I (360)
Über tierisches und menschliches Verhalten II (361)
Der Abbau des Menschlichen (489)
Wozu aber hat das Vieh diesen
Schnabel? (mit Oskar Heinroth) (975)

Von Karl R. Popper liegen in der Serie Piper
außerdem vor:
Offene Gesellschaft – offenes Universum (mit Franz Kreuzer) (476)
Auf der Suche nach einer besseren Welt (699)
Das Ich und sein Gehirn (mit John
C. Eccles) (1096)

Von Franz Kreuzer liegt in der Serie Piper
außerdem vor:
Im Anfang war der Sinn (mit Viktor E. Frankl) (520)
Die Unsicherheit unserer
Wirklichkeit (mit Paul Watzlawick) (742)

ISBN 3-492-10340-5
Originalausgabe März 1985
4. Auflage, 24.–27. Tausend, November 1990

Umschlag: Federico Luci
Satz: FotoSatz Pfeifer, Germering
Druck und Bindung: Clausen & Bosse, Leck
Printed in Germany

Inhalt

Vorwort

Frühsommer 1919 in Wien: Die Hauptstadt der zerbrochenen Monarchie am Tiefpunkt ihrer Krise – wenige Monate nach jenem Hungerwinter, in dem die spanische Grippe Hunderttausende Menschen, unter ihnen den 28jährigen Egon Schiele, dahingerafft hatte.

15. Juni, Hörlgasse im 9. Wiener Gemeindebezirk: Polizei geht gegen eine Demonstration junger Kommunisten mit der Waffe vor: 20 Tote, 70 Schwerverletzte – eine Vorahnung des Justizpalastbrandes 1927, des Bürgerkriegs 1934.

Wenige Tage vorher, am 28. Mai, eine Begebenheit am anderen Ende der Welt, auf zwei Beobachtungsschiffen, die britische Forschungsgesellschaften in den Pazifik gesandt haben: Ein seltenes astronomisches Ereignis, eine totale Sonnenfinsternis, wird wissenschaftlich registriert. Nicht zum ersten- und nicht zum letztenmal. Diesmal hat aber eine besondere Forschergruppe einen besonderen Auftrag: In dem Augenblick, in dem die Sonnenscheibe vollständig vom Mond verdeckt ist, soll sie den Winkel des vom Sonnenrand einfallenden Lichts auf Bruchteile einer Bogensekunde genau vermessen. Das Ergebnis der Messung ist vorgegeben: Es müßte bestätigen, daß das Licht ganz wenig, aber eindeutig, von der Richtung abweicht, die nach den Regeln der euklidischen Geometrie vorauszuberechnen wäre. Die Abweichung hat einer vorausgesagt, der die euklidische Geometrie und die seit Jahrhunderten als absolute naturwissenschaftliche Wahrheit anerkannte Newtonsche Theorie aus den Angeln zu heben vorgibt:

Albert Einstein. Überflüssig zu sagen, wie das Experiment ausgeht: Einstein hat recht, das Licht fällt nicht geradlinig, sondern wird vom ungeheuren Gravitationsfeld der Sonne meßbar abgelenkt, gekrümmt.

Diese zwei Frühsommerereignisse des Jahres 1919 werden nur von einem einzigen Menschen als zusammenhängend, als füreinander bedeutsam wahrgenommen – und der Zusammenhang ist nur im Kopf dieses einen Menschen zu finden, im Kopf des kaum 17 Jahre alten Wieners Karl Raimund Popper, der den Zusammenstoß mit der Wiener Polizei miterlebte und der andererseits den Ausgang des Sonnenfinsternisexperiments mit Spannung verfolgte.

Popper überprüft den Absolutheitsanspruch der politischen Heilslehren seiner Zeit, und er hat bereits die geistige Ausstattung, um das, was sich als politische Wissenschaft ausgibt, mit dem zu vergleichen, was ihm als Zentrum des wissenschaftlichen Fortschritts erkennbar ist: die Gedankenwelt Albert Einsteins. Und im Feuerofen des qualvollen Jugenderlebnisses erkennt er den wesentlichen Unterschied zwischen pseudowissenschaftlichem politischem Fanatismus und echter Wissenschaftlichkeit: die historisierenden politischen Ideologien – der Marxismus ist für ihn ein erstes aktuelles Lehrbeispiel, der nazistische Rassismus ist von seiner Kritik voll betroffen, aber als nicht satisfaktionsfähig wenig beachtet – versuchen sich jeder Widerlegung zu entziehen: Sie stellen sich keinem Test auf ihre Wahrheit, Richtigkeit und Nützlichkeit. Sie versuchen im Gegenteil ihre Widerlegung gegebenenfalls als Bestätigung ihrer Richtigkeit zu interpretieren. In der Psychoanalyse erkennt Popper ein ähnliches, sich selbst versiegelndes System: Bestreitest du die Theorie der Verdrängung, dann entlarvst du dich als einer, der Unangenehmes verdrängt, bestätigst also, was du widerlegen wolltest ... Demgegenüber die dem Pfeil der Widerlegung offen dargebotene Brust Albert Einsteins: Wenn die Messung am Tag der großen Sonnenfinsternis das Licht als geradlinig erweist, ist die Relativitätstheorie gefallen.

Popper setzt seine Erfahrungen des Jahres 1919 in Beziehung zueinander und findet eine Formel für das Gesamtverständnis dieser Welt, die ein halbes Jahrhundert später sicherstellt, daß kein ernstzunehmendes philosophisches oder wissenschaftstheoretisches Buch gedruckt werden kann, in dessen Register der Name Popper nicht kolonnenweise aufscheint. Die Formel heißt: Dies ist keine Welt der Bestätigung von Wahrheiten, sondern eine Welt der Widerlegung von Irrtümern. Aber es gibt die Welt, und es gibt auch die Wahrheit; nur Sicherheit über Welt und Wahrheit kann es nicht geben. Das ist kritischer Realismus.

Die Fülle dieser Gedankenwelt hat Karl Popper vom 24. bis 26. Mai 1983 in einem vom Studio Wien des Österreichischen Rundfunks und dem Kulturamt der Stadt Wien in Zusammenarbeit mit Dozent Friedrich Wallner vom Philosophischen Institut der Universität Wien veranstalteten Symposium im Alten Rathaus in Wien vor einem begeisterten Publikum drei Tage lang vorgestellt.

Vorspiel zu diesem Symposium: Ein Kamingespräch zwischen Karl Popper und Konrad Lorenz

Popper 1902, Lorenz 1903 in Wien geboren, sind Jugend- oder besser gesagt Kindheitsfreunde. In der Wissenschaft und im Leben gingen die beiden Wissenschaftler völlig getrennte Wege oder verloren einander gänzlich aus den Augen. Jahrzehnte später mußte Karl Popper bei einer wissenschaftlichen Begegnung Konrad Lorenz daran einnnern: »Aber Konrad, ich in doch der Karl ...« Die bedeutsame Konvergenz der Erkenntnisse und Überzeugungen, die beide Wissenschaftler in ihrem Leben erarbeitet haben, hat daher kaum etwas mit ihrer früheren Verbundenheit zu tun, sie ist allerdings eine eindrucksvolle Demonstration des Zusammenströmens wissenschaftlichen und philosophischen Denkens in diesem Jahrhundert. Das Gespräch, das Karl Popper und Konrad Lorenz am 21.2.1983 am

Kamin der alten Lorenz-Villa in Altenberg vor Fernsehkameras führten, zeigt über weite Strecken die Nähe der geistigen Welten der beiden Gelehrten auf, aber auch die interessanten Spannungen: etwa in der Frage der Gestalten beziehungsweise Hypothesen, im besonderen aber bezüglich der Zukunftserwartungen der Menschheit: Lorenz bekennt sich als ein immer auch zum Optimismus bereiter Warner, Popper (der unser Nicht-Wissen betont) als ein kritischer, aber in der Hauptsache überzeugter Interpret der »besten aller bisherigen Welten auf der schwierigen Suche nach einer noch besseren Welt«. Einig werden sich die beiden großen alten Herren in der Überzeugung, daß unsere Welt biologisch und geistig offen ist. Nichts ist falscher als Ben Akibas »Alles ist schon dagewesen«. Das Gegenteil ist wahr: Nichts ist schon dagewesen.

Wien, im Dezember 1983 *Franz Kreuzer*

DIE ZUKUNFT IST OFFEN

Ein Kamingespräch zwischen Konrad Lorenz und Karl R. Popper*

* Dieses Gespräch, an dem Franz Kreuzer als Moderator teilnahm, fand am 21. Februar 1983 im Haus von Konrad Lorenz in Altenberg bei Wien statt.

Kreuzer: Herr Professor Popper, Herr Professor Lorenz, wir sollten vorerst die Besonderheit dieses Gespräches erklären. Das ist kein Interview, das ist keine Diskussion, das ist kein Streitgespräch, das ist auch keine Disputation, denn dazu wäre ein Hörsaal notwendig; das ist ein Kamingespräch zwischen alten Freunden, und ich bin nur dazu da, dieses Gespräch anzuregen. Es soll ein Gespräch zwischen Ihnen, meine Herren Professoren, sein.

Es ist genügend biographischer Anlaß: Zwei achtzigste Geburtstage – einer voriges Jahr, einer in diesem Jahr. Da ist es vielleicht zulässig, am Beginn ein wenig Sentimentalität und Nostalgie ins Gespräch zu bringen. Ich glaube, da wäre das Stichwort Selma Lagerlöf. Aus Ihren Biographien weiß man, welche Bedeutung die Lagerlöf-Bücher in Ihrer Kindheit gehabt haben.

Lorenz: Wie wir einander kennengelernt haben, haben wir Indianer gespielt. Karl hat damals schon angefangen, den Positivismus und die Wiener Schule bei den Hörnern zu nehmen. Wir anderen waren noch Kinder. Beim Indianerspielen haben wir ihn als »Bleichgesicht« an den Baum gebunden, worüber er nie bös war. Was nun die Selma Lagerlöf anbelangt, hat Karl ja so nett gesagt, wir seien beide von der Selma Lagerlöf beeinflußt worden, nur mit dem Unterschied, daß er sich in die Selma Lagerlöf verliebt hat – und ich in die Wildgänse. Es war tatsächlich, was mich betrifft, eine entscheidende Zeit. Meine Entscheidung für die Wildgänse hängt damit zusammen, daß ich vom Anfang an überzeugt war, daß die Tiere auch Menschen sind.

Popper: Ich war sehr beeindruckt von Konrad: Er war ein großer und ein tapferer Indianerhäuptling. Vom Positivismus und der Wiener Schule wußte ich aber damals genausoviel wie er oder irgendein anderer Indianer, nämlich nichts. Selma Lagerlöf hat auf mich einen großen Eindruck gemacht, aber besonders beeinflußt hat mich die Geschichte vom Jagdhund Karr und dem jungen Elch Graufell.

Kreuzer: Das ist auch eine sehr schöne Geschichte ...

Popper: Eine wunderbare Geschichte von menschlicher Freundschaft. Ich habe mich in die Selma Lagerlöf verliebt, und ich habe ihre Bücher immer wieder gelesen. Ich habe sie nicht alle gleich gern gehabt; zum Beispiel hat mir die Gösta-Berling-Saga nie gefallen.

Lorenz: Ich verstehe ...

Popper: Ihr vielleicht schönster Roman ist »Das heilige Leben«. Den hat sie während des Ersten Weltkrieges geschrieben, und er war ein ungeheurer Protest gegen den Krieg. Die Handlung ist in gewisser Hinsicht geradezu grausam: Es wird geschildert, wie die Leichen nach der Schlacht von Skagerrak an die schwedische Küste angetrieben werden. Und das Buch erschüttert durch sein Eintreten für die Heiligkeit des Lebens.

Auf der Suche nach einer besseren Welt

Kreuzer: Ich glaube, diese zwei Bemerkungen über Selma Lagerlöf deuten ja auf Unterschiede in den Grundmotiven Ihres Lebens hin: Hier die Feststellung, daß Tiere Menschen sind, das brennende Interesse, das Gemeinsame zwischen Tier und Mensch herauszufinden, dort das starke Engagement vom Moralischen, auch vom Politischen her. Ich glaube, wir sollten jetzt nicht beide Biographien erzählen, die können ja zum größten Teil als bekannt vorausgesetzt werden, wir sollten versuchen, zum Kern unseres Gesprächsthemas vorzustoßen. Es geht natürlich um die Evolution, um die Darwinsche Theorie. Ich möchte auf ein Grundproblem verweisen, das in den letzten Jahrzehnten bei allen ernstzunehmenden Forschern in den Vordergrund tritt: das Problem der Orthogenese, die Frage, wieso und warum die Evolution *gerichtet* ist, die Frage auch insbesondere, wie ihr Tempo zu erklären ist; denn würde die Evolution nur aus Zufall und Notwendigkeit, aus Mutation und Selektion im einfachsten erklärt werden müssen, dann wären ja nicht vier Milliarden Jahre, sondern jedenfalls Hunderte Milliarden Jahre notwendig gewesen, um die heutige lebende Erdoberfläche hervorzubringen. In diesem Sinne bemerkt man etwas, was ich den »Lamarckschen Dämon« in der Darwinschen Theorie nennen würde, nämlich die Vermutung, daß sie ein Richtungselement, ein Beschleunigungselement, ein kreativ gestaltendes Element enthält. Ich erinnere mich, daß Popper Bergson zitiert und dessen »élan vital«, die Lebenskraft, ich beziehe mich auf Prigogine mit seiner Bifurkationstheorie, auf Manfred Eigen mit den Spielbedingungen, die das alles ermöglichen. Ich beziehe mich auf Campbell mit der Idee der »downward causation«, daß etwas »von oben« her wirkt. Bei Ihnen, Herr Professor Lorenz, heißt es »Fulguration«, die blitzschlagartige Erhellung des Entwicklungshorizonts.

Lorenz: Die Fulguration, das Auftreten von total Neuem, von nie Dagewesenem, ist eine Vorbedingung des Entwicklungstempos. Das muß da sein, weil es sonst viel zu langsam ginge; auch die Rückkoppelung des Erfolges muß da sein – schon beim Hyperzyklus von Manfred Eigen muß sie da sein. Was aber das Wesentliche des Höherentwickelns, des Kreativen ist, das wissen wir nicht. Ich glaube, daß man den Namen Gottes nicht nur nicht eitel nennen soll, sondern überhaupt nicht nennen soll. Das »Daimonion« des Sokrates ist noch der taktvollste Hinweis. Wenn man von IHM als mit dem persönlichen Fürwort ER redet, ist das schon eine Gotteslästerung. Die Tatsache besteht, daß die Evolution im allgemeinen nach oben geht. Wenn ich als eines der vorerst höchstentwickelten Lebewesen die Evolution mit meinem unabweislichen Werturteil betrachte, so ist es unleugbar, daß die Haie des Devon höhere Lebewesen sind als die Trilobiten des Kambriums, kurzum, daß es nach oben geht. Manfred Eigen sagt, es ist ein Spiel von allem mit allem. Das kleine Schaumbläschen – ich gebrauche gerne dieses Bild – würde nicht höher steigen, wenn nicht unten alles besetzt wäre. Was aber das eigentliche Kreative ist, das wissen wir nicht. Ich habe lange Jahre in einem großen, ich möchte sagen, in einem verzweifelten Pessimismus geglaubt, was Jacques Monod glaubt, daß reiner Zufall am Werk ist. Aber das ist nicht wahr, das ist schon für die molekularen Vorgänge nicht wahr. Ich verstehe den Manfred Eigen nicht ganz, weil ich ein schlechter Mathematiker bin, aber er sagt mir: Schon im molekularen Bereich spielt sich etwas ab, was einen merkwürdigen Richtungssinn in sich hat. Es geht im allgemeinen nach »oben«, aber im einzelnen ist alles zufallsbedingt. Daß plötzlich ein Säugetier wieder ein Wassertier wird, ein Wal oder ein Delphin, daß also der Kurs in einem ganz scharfen Winkel gewechselt wird, das ist unvoraussagbar und unvorhersehbar. Darin ist aber die Freiheit verborgen. Der Anthropologe Feuerbach, Enkel des Philosophen Feuerbach, sagt: Darwin will uns weismachen, daß radebrechend und aus dem Stegreif die Schöpfung Neues macht, daß eine ungerichtete Phantasie das Neue schöpft. Ich kann dieser Kritik nicht folgen: Für mich liegt in der Unbestimmtheit das eigentliche Freiheitsmoment. Was heißt »aus dem Stegreif«? Ist Gott ein Schauspieler, der sagt, was ihm Friedrich Schiller vorschreibt, oder ist er selber der Dichter, der seine Phantasie ins Spiel bringt?

Kreuzer: Ich habe absichtlich nicht vom lieben Gott Teilhard de Chardins gesprochen, sondern von einem »Lamarckschen Dämon« – einem Wissenschafts-Dämon wie dem Laplaceschen, dem Loschmidtschen oder dem Maxwellschen Dämon, eingeführt nur, um ein wissenschaftliches Problem anschaulich zu machen.

Lorenz: Ja, der Maxwellsche Dämon weiß alles über alle Moleküle. Mir sagt aber mein Freund Sexl, der theoretische Physiker, daß die molekularen Unvoraussagbarkeiten schon im makroskopischen Bereich der Billardkugel so stark sind, daß man beim siebenten Aufeinanderprall nicht voraussagen kann, in welche Richtung die Kugel läuft. So ist das mit diesem Dämonen. Sie wissen etwas, was wir nicht wissen können. Und das ist das Entscheidende.

Kreuzer: Aber die Grundfrage ist doch: Wie kann aus der Notwendigkeit der bloßen Wiederholung und aus dem Zufall, der nur ein Irrtum ist, wie kann also aus zwei Stumpfsinnigkeiten der Feuersturm des Lebens und des Geistes entstehen?

Lorenz: Ja, das möchte ich auch gerne wissen.

Kreuzer: Woher kommt das Kreative?

Popper: Ich möchte zunächst etwas zu Konrad Lorenz sagen: Ich habe in den letzten Tagen die »Rückseite des Spiegels« wieder gelesen, und ich war erstaunt, wie viele Punkte es da gibt, in denen wir beide übereinstimmen. Auch in allem, was Du jetzt gesagt hast, Konrad, stimme ich mit Dir überein. Das Leben sucht eine bessere Welt. Jedes einzelne Lebewesen versucht, eine bessere Welt zu finden, zumindest dort stehenzubleiben oder dort langsamer zu schwimmen, wo die Welt besser ist. Und das geht von der Amöbe bis zu uns. Immer wieder ist es unser Wunsch, unsere Hoffnung, unsere Utopie, eine ideale Welt zu finden. Das ist irgendwie durch eine darwinistische Auslese in uns eingepflanzt. Und das darf nicht weggelassen werden. Es ist einfach nicht wahr, daß wir durch die Umwelt »geformt« werden. Wir *suchen* die Umwelt, und wir *formen* sie, *aktiv*. Das nackte Gen hat eine Umgebung von Proteinen gesucht und hat sich einen Mantel geschaffen aus den Proteinen; das ist im wesentlichen seine bessere Umwelt. Und so geht's uns, wenn wir uns eine Lederjacke oder eine Wollweste anziehen. Wir versuchen dauernd, unsere unmittelbare und unsere weitere Umwelt und schließlich die ganze Welt zu ändern und zu modifizieren. Unser Wille spielt also in der ganzen

Geschichte eine wesentliche Rolle. Das ist vielleicht die Antwort, die ich auf die Frage nach der Kreativität geben kann. Aber ich möchte auch betonen, *daß ich nichts weiß*. Wenn du Sokrates' Daimonion erwähnt hast, so möchte ich auf den Sokrates hinweisen als den Nichtwisser, als den Mann, der gewußt hat, daß er nichts weiß. Wir wissen ja nichts, auch das, was ich jetzt gesagt habe, ist eine bloße Vermutung, aber ich würde sagen, daß die Rolle des Lebewesens, das eine bessere Welt sucht, nicht unterschätzt werden darf. Wir sind Sucher, das Leben ist skeptisch – griechisch: *suchend* – vom Anfang an. Es ist nie *ganz* zufrieden mit den Bedingungen, die es hat. Und es ist kühn in seinen Abenteuern.

Leben ist Abenteuer, Leben ist Risiko

Kreuzer: Die Suche nach der besseren Welt – ist das die Erklärung dafür, daß es ein kreatives Element gibt, daß hier etwas »von oben« wirkt, Systembedingungen, die die Richtung der Evolution vorschreiben?

Lorenz: Ich würde sagen: *Scheinbar* von oben. In Wirklichkeit ist das ganze Universum von vornherein so geschaffen, daß zumindest die Möglichkeit zur Aktivität, zum »Willen«, wie Karl eben gesagt hat, vorhanden ist. Es ist falsch oder es macht einen falschen Eindruck, wenn man sagt, das Leben probiert blöd herum und trotzdem geht es nach oben. Es ist eine viel einleuchtendere und menschlich richtigere Art der Darstellung, zu sagen: Leben ist ein erkenntnis*suchender* Vorgang. »Leben ist Lernen« haben wir unser Fernsehgespräch genannt.* Das Leben ist so geschaffen, durch Selektion – das kann man sagen, ohne von Darwin irgendwie abzugehen –, daß es Tatsachen über die Umwelt in das Lebenssystem hinein-

* Konrad Lorenz / Franz Kreuzer, Leben ist Lernen. Von Immanuel Kant zu Konrad Lorenz, München 1981.

nimmt, einspeist, um kybernetisch zu reden. Im Organismus entsteht ein immer vollständigeres Bild der Umwelt, und zwar durch *aktives* Herumprobieren. Dieses Herumprobieren ist Aktivität des Lebens, nicht passives Warten. Das Leben unternimmt etwas, es riskiert etwas. Daß dieses Riskieren auch als Irrtum erscheint, das tut gar nichts zur Sache. Das Leben riskiert, es experimentiert. Ein großer chemischer Konzern steckt auch einen großen Teil seines Reingewinnes ins Labor, weil er mit Sicherheit weiß, daß sich das rentiert. Das ist einer der Vorgänge, die die Evolution so schnell machen, wie sie tatsächlich geht; sonst kämen wir mit den paar Milliarden Jahren, die die Radiologen uns zugestehen, gar nicht aus.

Popper: Ich würde das alles vollkommen akzeptieren, außer »mit Sicherheit«. Es ist eben ein Risiko. Es ist immer ein Risiko.

Lorenz: Richtig: Ich nehme die »Sicherheit« zurück. Mit großer Wahrscheinlichkeit, mit genügender Wahrscheinlichkeit. Da hast Du vollkommen recht.

Popper: Das Risiko ist da, und am Ende ist es ja wahrscheinlich, daß das Leben wieder verschwindet. Von Sicherheit ist keine Rede. Wir alle müssen sterben, und vielleicht muß auch das Leben sterben.

Lorenz: Die Bereitschaft, ein Risiko einzugehen, ist unlösbar mit der Suche nach der optimalen Welt verbunden. Allerdings kommt es auch auf die Herausforderung durch die Umwelt an. Das Leben sucht Probleme, aber das Angebot an Problemen ist für den Erfolg bedeutsam; ein Mangel an Problemen kann eine Stagnation bewirken. Das sieht man an den »lebenden Fossilien«, also an Lebewesen, die sich seit vielen Jahrmillionen nicht verändert haben, weil sie in einer optimalen ökologischen Nische leben und keinen Grund gehabt haben, sich zu verändern. Auf den Wiesen von Altenberg gibt es einen Krebs, dessen Eier bis zu dreißig Jahre lang trocken liegen können. Sie »warten« auf ein besonders feuchtes Jahr. Wieso das Ei weiß, daß nach einer jahrzehntelangen Wartezeit eine Überschwemmung fällig ist, ist unbekannt. Dieser Krebs war im Jahre 1909 da, dann wieder 1928 und einmal während des Krieges – das weiß ich nicht genau, weil ich beim Militär war. Und derselbe Krebs ist unverändert zurückzuverfolgen bis in die Trias-Schichten. Offenbar hat der Krebs vor Urzeiten einen Lebensraum gefunden, in dem er konkurrenzlos geblieben ist. Darum ist er so geblieben, wie er heute noch ist. Man sieht: Damit die Evolution fortschreitet, muß ein Spiel mit vielen Komponenten in Gang kommen; und es müssen die jeweils tieferen ökologischen Nischen besetzt sein, so daß das Leben höhere, schwierigere Nischen suchen und finden muß. Wenn wir von »höher« reden, dürfen wir auch nicht außer acht lassen, daß unser Hirn, das diese Bewertungen vornimmt, selbst ein Produkt der Evolution ist. Das menschliche Wertempfinden entspricht dem Vorgang der Evolution insoferne, als auch in unserem Hirn ein Spiel von allem mit allem stattfindet wie in der Außenwelt.

Zum Begriff des Höheren gehört unbedingt, daß es nicht vorhersagbar ist, daß es frei irgendwohin geht, merkwürdigerweise allerdings im allgemeinen nach »oben«. Das ist objektiv in der Entwicklung des Lebens so und ist subjektiv in unseren Wertempfindungen enthalten.

Nischen – nicht gefunden, sondern erfunden

Kreuzer: Herr Professor Lorenz, Sie haben freundlicherweise den Titel unseres Gespräches aus dem Jahr 1981 erwähnt: »Leben ist Lernen«. Ich habe in vorhergehenden und nachfolgenden Gesprächen mit Professor Popper den Eindruck gewonnen, daß hier zwar kein Gegensatz, aber jedenfalls ein aufklärungsbedürftiger Unterschied besteht. Für mich hieß das, was ich bei Professor Popper gelesen und gehört habe, »Leben ist *Lehren*«; Leben ist: Theorien, Hypothesen, Dogmen, Doktrinen in die Welt setzen und auf ihre Gültigkeit überprüfen. Es wäre mir sehr wertvoll, wenn im Gespräch klargestellt werden könnte, ob es hier wirklich einen Gegensatz gibt oder ob sich die eine Formulierung mit der anderen vereinen oder in der anderen auflösen läßt.

Popper: Ich wiederhole: Von Anfang an, wahrscheinlich durch Darwinsche Selektion, sucht das Leben eine bessere Welt. Du, Konrad, hast von ökologischen Nischen gesprochen. Das ist auch einer meiner Lieblingsausdrücke. Nur in einem Aspekt möchte ich Dich kritisieren: Du sprichst von »besetzten« ökologischen Nischen. Das klingt so, als ob die ökologischen Nischen vorgegeben wären. Das sind sie nicht. Die ökologischen Nischen werden vom Leben erfunden.

Lorenz: Völlig richtig.

Popper: Vorgegeben ist alles mögliche. Eine ökologische Nische wird es aber erst durch das Leben. Das Leben hofft, das Leben arbeitet, als ob es eine Hoffnung hätte, eine bessere Welt zu finden, bessere ökologische Nischen zu finden. Pflanzen und Tiere sind bereit, das Abenteuer einer neuen ökologischen Nische zu riskieren. Und jene, die diese Initiative haben, gelangen durch Auslese auf eine höhere Ebene.

Lorenz: Richtig.

Popper: Lebewesen ohne Initiative, Neugier, Phantasie müssen um die schon besetzten ökologischen Nischen kämpfen; jene hingegen, die die Initiative haben, haben neu erfundene ökologische Nischen zur Verfügung. Und das Interessante ist, daß schon vom Anfang an die ökologischen Nischen von den Lebewesen *gemacht* werden. Da möchte ich übrigens eine kleine Bemerkung machen: Man redet meiner Meinung zu viel von der »Entfremdung«. Ich würde sagen, daß das Leben selbst die Entfremdung dauernd sucht. Es entfremdet sich dauernd von seiner natürlichen ökologischen Nische, indem es sich in ein Abenteuer stürzt und in eine fremde Nische eintritt. Wenn das nackte Gen eine Membran erfindet oder wenn wir uns einen Mantel anziehen, so ist das eine Entfremdungserscheinung gegenüber dem Nacktsein. Ich halte das Gerede von der Entfremdung für ein gefährliches und lächerliches Gerede. Es handelt sich da um Abenteuer des Lebens, das neue und fremde Umstände riskiert und sie sucht. Und das spielt eine wichtige Rolle in der Höherentwicklung. Es erklärt nicht die Höherentwicklung völlig; aber es spielt eine entscheidende Rolle.

Kreuzer: Herr Professor Lorenz, Sie haben doch gesagt, nichts ist so unsinnig wie der Satz von Ben Akiba »Alles ist schon dagewesen«.

Lorenz: Ja. Ich sage: Nichts ist schon dagewesen.

Popper: Ganz richtig.

Lorenz: Du hast mir jetzt einen sehr großen Seifensieder angezündet. Ich meine den Gedanken, daß der, der über die Ebene der Angepaßtheit hinaus etwas riskiert, eine Etage höher ist, wenn er Erfolg hat. Und das ist für mich ein wirklich neuer Gedanke, den ich von diesem Gespräch nach Hause nehme und der mir außerordentlich wichtig erscheint. Mir fällt als Beispiel die Bewältigung von Felsspalten im Meer ein: Es ist sehr leicht, ein Viech zu machen, das sich in Spalten zurechtfindet. Seesterne können das, Schnecken können das. Es ist andererseits leicht, ein Viech zu machen, das sehr schnell schwimmen kann, ich denke an die Pfeilwürmer. Aber wenn man nach einem Tier sucht, das sich in Spalten zurechtfindet, ja, Spalten auswendig lernt, aber auch schnell schwimmt, muß man hinaufgehen bis zu den gescheitesten Korallenfischen: Eine Etage höher wird das Felsspalten-Problem erst richtig bewältigt.

Ich stimme Dir also zu, daß selbstverständlich jedes Lebewesen sich seine ökologische Nische *macht*, und zwar zwischen allen anderen. Und was Du gesagt hast, daß der Risikofreudige dann eine Etage höher gelangt, das stimmt genau mit meinem Gefühl überein. Daß ein Lebewesen was Neues erfinden, was riskieren muß, und zwar um so mehr riskieren muß, je höher es hinaus will.

Popper: Darum habe ich früher gegen die »Sicherheit« protestiert.

Lorenz: Mit völligem Recht.

Lernen: Ins Licht stellen – ins Dunkel schieben

Kreuzer: Leben ist also ein Abenteuer. Es geht Risiken ein, um neue Chancen zu gewinnen. Was heißt nun »Lernen«? Kann Lernen somit auch heißen: Lehren aufstellen? Dogmen, Doktrinen, Theorien, Hypothesen entwerfen, um sie an der Welt überprüfen zu lassen?

Lorenz: Wir haben den Titel »Leben ist Lernen« begrifflich sehr weit gefaßt: Gewinnen von Information. Und das Lernen eines Tieres durch »conditioning«, durch Anpassung, ist natürlich etwas ganz anderes als das Lernen des Experimentators, der eine mehr oder weniger schöpferische Hypothese aufstellt, um sie zu überprüfen. Das hat mit der Frage der Induktion zu tun, die ja zwischen uns hängt. Vielleicht kommen wir darauf später zurück ...

Kreuzer: Ich glaube, wir sind schon dabei ...

Lorenz: Ich glaube, daß wir da nicht so weit auseinanderliegen. Mir scheint, daß gewisse Erkenntnisse unbewußt reifen, weil denkende Menschen eben so viel gemeinsam haben. Neue Erkenntnisse wachsen wie Pilzmyzele unterirdisch – und dann kommt da und da und da ein Schwammerl heraus.

Popper: Es gibt zwei vollkommen verschiedenartige Arten von Lernen. Das eine ist das Abenteuer, etwas Neues zu lernen, und das andere ist das Bestreben, etwas, was man gelernt hat, sozusagen in das Unterbewußtsein zu verbannen. Beim Autofahren lernst du zu vergessen, was du gelernt hast, und auf die Straße aufzupassen, und dann paßt du *nur* noch auf die Straße auf und alles andere geht von selbst. Beim Klavierspielen ist zunächst ungeheuer schwierig, die Finger mit den Noten zu koordinieren, da lernst du was Neues. Aber dann, wenn du das Neue gelernt hast, versuchst du dich nur dem Eigentlichen zu widmen: der Idee des Komponisten.

Lorenz: Richtig.

Popper: Es gibt also zwei absolut verschiedene Stadien des Lernens: Das erste ist das abenteuerliche Lernen, das Lernen des Forschers, des Entdeckers, das andere ist das Auswendig-Lernen: weg damit: ins Unterbewußtsein! Die Lernpsychologie betrachtet leider diese zweite und unwichtige Art des Lernens als die einzige: das Lernen durch Wiederholung. Und nun – das ist eine Antwort auf Dich – ist es so, daß die ganze Induktionstheorie auf diesem Fehler der Lernpsychologie aufbaut. Die Wiederholung spielt keine Rolle beim Entdecken, sie spielt nur eine Rolle beim »Vergessen«. Die Wiederholung ist dazu da, daß wir etwas automatisieren, damit es uns nicht mehr belastet, daß wir keine Aufmerksamkeit mehr aufwenden müssen. Es ist ein ungeheurer Unterschied zwischen Lernen durch Versuch und Irrtum, das immer ein Abenteuer ist, und Lernen durch Wiederholung, das nie zu etwas Neuem führt, sondern nur das Erlernte »vergessen« macht, das heißt, ins Unbewußte verdrängt.

Lorenz: Es festhält, würde ich sagen, fixiert – ja, dem stimme ich vollständig bei. In bezug auf das Experimentieren ist zu sagen, daß der ganze Anpassungsvorgang des Lebensgeschehens mit dem Experiment anfängt. Das Lernen durch Wiederholung, wie Du es nennst, ist hingegen ein Vorgang der Informationsspeicherung. Erworbenes Wissen wird ins Unterbewußte verschoben, um die experimentierende Seele zu entlasten, aber man ist dennoch davon abhängig, denn dieses ins Unterbewußtsein verschobene mechanisierte Wissen ist die Voraussetzung für die Freiheit, von der man »oben« Gebrauch macht. Alle Erfahrung besteht aus Strukturen, und jede Struktur erwirbt ihre Fähigkeiten zu stützen nur um den Preis, daß sie gewisse Freiheitsgrade opfert. Ein Wurm kann sich krümmen wohin er will, wir aber können uns nur abwinkeln, wo Gelenke vorgesehen sind; aber wir können stehen, und der Wurm kann es nicht. In höheren geistigen Geschehen spielen mechanisierte Funktionen eine sehr große Rolle als Voraussetzungen des freien Denkens und der Gestaltwahrnehmung.

Popper: Das Einmaleins zum Beispiel als Voraussetzung des Rechnens.

Lorenz: Das Einmaleins ist eine Voraussetzung.

Popper: Aber man kann doch nicht sagen, daß wir das Einmaleins durch Induktion lernen. Da ist ein wirkliches Mißverständnis ...

Hypothesen sind Gestalten – Gestalten sind Hypothesen

Lorenz: Nein, aber durch Induktion erkennst Du meine Nase, durch Gestaltwahrnehmung. Die Gestaltwahrnehmung ist ein Computer, der sehr viele Daten verarbeiten kann. Und zwar unbewußt. Das ist das, was Egon Brunswick die ratiomorphen Leistungen genannt hat. Was Karl Bühler die abstrahierenden Leistungen der Wahrnehmung nennt, die aus vielen Daten eine Erlebensqualität machen. Du erkennst mich nicht an meiner Nase, Du erkennst mich an dem Gesamteindruck, den Deine Gestaltwahrnehmung unbewußt verarbeitet und Dir sagt: Dort sitzt der Konrad.

Popper: Und das führt zu einem neuen Problem, nämlich zum Problem der Gestalt. Ich sehe eben in einer Gestaltwahrnehmung im wesentlichen dasselbe wie in einer Hypothese. Wenn ich Dich sehe und mir sage: »Da sitzt der Konrad«, dann bedeutet das eine Erwartung. Der Begriff der Erwartung ist für mich von größter Wichtigkeit. Ich sehe in der Erwartung, im Antizipieren des Tieres, den Beginn der Hypothese, den Beginn der Theorie. Wenn ich also sehe, daß dort ein Sessel steht, erwarte ich, daß man sich draufsetzen kann. Und das ist sozusagen der Grund, warum eine Gestalt, die Gestalt des Sessels, von mir als Hypothese gedeutet wird. Die Gestaltpsychologen haben meiner Meinung nach unrecht, wenn sie sagen: Die Hypothesen sind Gestalten. Natürlich sind Hypothesen *auch* Gestalten, aber das Wichtige ist, daß sie Hypothesen sind und daß sie Erwartungen sind. Viel wichtiger ist es, zu sagen: *Die Gestalten sind Hypothesen.* Sie sind es in dem Sinn von Erwartungen, die uns über die Welt informieren, in immer riskanter Weise informieren und sehr oft mißinformieren.

Der Vorgang muß keineswegs von Anfang an eindeutig sein. Ist Dir das nie passiert, was mir immer wieder passiert ist, daß Du zum Beispiel zwei Ideen hast, die Du gar nicht verbunden hattest, und dann kommst Du drauf, daß sie in der wichtigsten Weise zusammengehören. Das mag einem dann auch wie ein Aha-Erlebnis vorkommen, wie eine Gestaltwahrnehmung: eine Gestalt, die jahrelang verborgen war.

Lorenz: Das ist vollständig richtig. Und das ist für mich das Musterbeispiel der Fulguration: daß zwei Systeme, die sich bisher unabhängig voneinander entwickelt haben, plötzlich zusammenschnackeln und ein System mit nie dagewesenen Systemeigenschaften bilden. Und das passiert selbstverständlich in der geistigen Hypothesenbildung – und das ist in der Tat keine Gestalt. Das ist eine Form der Fulguration – man könnte sagen: Es sind zwei Gestalten, deren Zusammenhang mir plötzlich klar wird.

Popper: Nachher sieht man das wie eine Gestalt, aber es war keine Gestalt.

Lorenz: Es war vorher keine. Da stimme ich restlos bei.

Kreuzer: Und ist hier keine Induktion dabei, um das Reizwort noch einmal zu gebrauchen? Der Vorgang ist in diesem Sinn nicht induktiv, sondern kreativ?

Lorenz: In diesem Fall ist es eine Neuschöpfung. Er ist ein Funke, der zündet. Die Information steckt darunter. So wie beim Autofahren eine Menge Struktur darunter ist, die sehr starr ist. Wenn man plötzlich einen Wagen mit Knüppelschaltung hat statt mit Lenkradschaltung, greift man daneben.

Kreuzer: Wenn man also diesen Gedankengang zu Ende führt, kann man dann zu dem Schluß kommen, zu dem Professor Popper kommt, daß es Induktion – lernen durch Einzelelemente – überhaupt nicht gibt.

Lorenz: Ich würde sagen, nur im Unterbewußtsein. Das hat, wie besprochen, mit der Gestaltwahrnehmung zu tun. Das Gehirn sammelt Daten und erwirbt einen unendlichen Datenreichtum, auf einem Hintergrund von weißem Lärm. Bis sich plötzlich die Struktur vom Hintergrund abhebt; und das geschieht ganz unbewußt.

Popper: Schau, man kann alles Induktion nennen. Aber das, was Du beschreibst, scheint mir viel mehr ein Arbeiten des Unterbewußtseins zu sein, etwas, das *von innen* kommt, nicht von Wiederholungen, also keine Induktion. Die Idee der Induktion ist schließlich folgende – und jetzt beschreibe ich etwas, was ich vom Anfang bis zum Ende für falsch halte: Alles Wissen kommt durch unsere Sinnesorgane; das ist die Grundidee. Und wenn dann sehr lange *und sehr oft* dieselben Dinge auf die Sinnesorgane gewirkt haben, dann kommen wir zu einer verallgemeinernden Hypothese. Das ist die Lehre von der Induktion, psychologisch genommen. Auch die logische Ableitung ist falsch: Es gibt eine »Deduktion«, sagt der Induktivist. Die Deduktion gibt Dir, wenn die Prämissen gegeben sind, die Konklusion *mit Sicherheit.* Dann gibt es eine Induktion. Die Induktion besteht daraus, daß wir sehr viele Prämissen haben, und dann kriegen wir die Konklusion *mit Wahrscheinlichkeit.* Das ist auch falsch. Es ist also die psychologische Lehre und die logische Lehre von der Induktion gleichermaßen falsch. Man kann zeigen, daß wir im Lernen immer etwas *Unwahrscheinliches* lernen, nicht etwas Wahrscheinliches. Und daher ist die ganze Idee des Wahrscheinlichkeitsschlusses ein Fehler. Es gibt deduktive Schlüsse, und in der Wahrscheinlichkeitslehre gibt es auch nur deduktive Schlüsse; je wahrscheinlicher etwas wird im Sinne der Wahrscheinlichkeitstheorie, um so leerer und uninteressanter wird es. *Nur das Unwahrscheinliche ist interessant.* Das Neue ist immer ganz unwahrscheinlich. Die Hypothese, die wir neu schöpfen, hat sozusagen die Wahrscheinlichkeit Null. Es gibt also keine Induktion, was es gibt, sind riskante Neuentdeckungen. Riskante Hypothesen können durch Auslese falsifiziert werden. Da sind wir ja nicht allzuweit auseinander: Du selbst hast gesagt, wir sollen täglich zum Frühstück eine unserer Hypothesen falsifizieren. Selbstverständlich tun wir das nicht gerne – unsere Hypothesen umbringen! Aber es ist uns lieber, sie selbst umzubringen, als sie von anderen umbringen zu lassen.

Lorenz: Ich bin von der logischen Unangreifbarkeit Deiner Argumentation überzeugt. Dennoch ein Problem-Beispiel, das zeigt, wie aus einer Fülle von Einzelinformationen eine Erkenntnis entsteht: Also ich kenne fünfundzwanzig Arten nordamerikanischer Barsche. Und da sehe ich vor Florida einen ganz anderen, ganz anders ausschauenden, winzigen Fisch, den ich zuerst für einen Zahnkärpfling halte, weil er runde Rückenflossen hat und keine Stacheln hat. Irgend etwas tut mir aber furchtbar weh, beinahe spüre ich eine Übelkeit – und plötzlich sehe ich: Das ist gar kein Zahnkärpfling, das ist ein Barsch! Ah! Das war eine blitzschlagartige Verallgemeinerung, eine richtige, wohlgemerkt. So eine Verallgemeinerung kann auch ganz danebengehen. Wie bin ich zu dieser Verallgemeinerung gelangt? Ich mußte absehen von den stacheligen Rückenflossen, absehen vom großen Maul usw. – und dennoch den Barsch erkennen. Das war nur möglich, da ich buchstäblich Hunderte und Aberhunderte Informationsdaten von fünfundzwanzig Barsch-Arten in mir habe. Und was ist da passiert? Diese unglaublich vielen Informationen waren die Voraussetzung dafür, einen Außenseiter doch noch als zugehörig zu erkennen.

Kreuzer: Aber ist das nicht ein Vorgang, der doch in hohem Grade Theorienbildung und gerade das Gegenteil von Induktion ist?

Lorenz: Ich behaupte, daß ich mir nur ganz selten eine Hypothese wirklich aus dem Finger sauge, und ich glaube, daß dieser Vorgang des Datenspeicherns unerläßlich ist, um eine Hypothese aufstellen zu können.

Popper: Wie Du sagst, man muß unglaublich viel darüber wissen, das heißt: Man muß unglaublich viele Fehler gemacht und die Fehler korrigiert haben – zum Beispiel den Fehler selbst, den Du jetzt geschildert hast, daß Du diesen Fisch zunächst einmal für etwas anderes gehalten hast – und dann fällt Dir ein, das ist ja ein Barsch! Man muß das haben, was man Erfahrung nennt. Und Erfahrung besteht im wesentlichen darin, daß man viele Fehler gemacht und überwunden hat – durch diese Fehler hindurchgegangen ist. Mit anderen Worten: Versuch und Irrtum machen Erfahrung.

Kreuzer: Mir scheint wichtig, was Ernst Gombrich in dieser Beziehung sagt und worauf er aufmerksam macht, daß ja selbst unsere Sprache sehr deutlich unterscheidet zwischen Worten wie *schauen* und *sehen*, *horchen* und *hören*. Und darinnen steckt so etwas wie *suchen* und *finden*. Die Sprache weiß, daß die Welt nur scheinbar in uns hineingesehen wird; tatsächlich wird sie aus uns hinausgeschaut.

Popper: Die Grundlage der Induktionstheorie ist: Wir lernen durch Information, die von außen kommt. Die Grundlage meiner Kritik der Induktion ist: Wir lernen durch unsere Tätigkeit, die uns angeboren ist, durch eine Menge Strukturen, die uns angeboren sind und die zu entwickeln wir befähigt sind: *Wir lernen durch Aktivität.* Das ist das Wesentliche. Induktion macht uns passiv, die Wiederholung bringt die Dinge aus unserem wachen Geist ins Unterbewußtsein. Das wirkliche Lernen ist nicht induktiv, sondern ist immer Versuch und Irrtum, unternommen mit der größten Aktivität, die wir besitzen.

Apriori, aposteriori – alt und neu

Lorenz: Ich habe schon am Beginn der Vierziger Jahre gesagt: Was Kant für apriori hält, sind alles genetisch fixierte Theorien. Also Substantialität, Kausalität usw. – dem entspricht gar nichts in der Wirklichkeit. Das sind Schachteln, in die wir wohl oder übel die Resultate unserer Exploration packen müssen. Und Du hast einmal gesagt, daß das Auge als solches eine Theorie ist. Nämlich eine Theorie, daß das Licht so und so ist.

Und als evolutionärer Erkenntnistheoretiker wundere ich mich nicht über die ungeheure Grobheit, Ungefährheit dieser Theorien. Und wenn Du nun Induktion als das Später-Erfahrene, als das Nicht-Angeborene bezeichnest, so gibt es Induktion tatsächlich nicht. Alles Erfahrene ist durch Ererbtes bestimmt: weil wir soundso viele Theorien, wohlgemerkt Theorien, im Gehirn haben, von denen wir nicht wegkönnen. Sie alle haben Strukturen mit der Funktion des Stützens und gleichzeitig des Freiheitsgradseinschränkens. Deswegen wundert es mich zum Beispiel nicht, wenn mir Kollege Sexl erzählt, daß das Elektron die Eigenschaft hat, an zwei Orten zu gleicher Zeit sein zu können. Und daß es einmal bei einem Fenster in meinem Leben als Körperchen hereinschaut und das andere Mal als Welle.

Kreuzer: Aufmerksame Seher, Hörer und Leser haben ein Recht darauf, daß zu Widersprüchen Stellung genommen wird, die ihnen aufgefallen sein müssen. Und hier, bei der Auflösung der Kantschen Apriori in Aposteriori der Schöpfungsgeschichte – das, was wir als Voraussetzung jedes Lernens in unserem Organismus, also in unserem Genom vorfinden, ist selbst ein Lernprodukt der Evolution –, gibt es jedenfalls Unterschiede im Wortgebrauch, hinter denen sich Auffassungsunterschiede verbergen könnten. Sie, Herr Professor Popper, sind ja mit dieser Zurückführung der Apriori auf Aposteriori nicht zufrieden. Für Sie bedeuten diese Begriffe auch etwas anderes.

Popper: Auf die Worte kommt es nicht an. Mir kommt es darauf an, daß die Apriori sowohl im Leben des einzelnen Lebewesens wie in der Entstehung der Gattung in die Welt hineingetragene Hypothesen sind; sie sind in keinem Fall passiv erlernt.

Lorenz: Ich sehe keinen Widerspruch: Ich habe gerade zustimmend zitiert, daß das Auge, der ganze Gesichtssinn, eine Hypothese ist, eine Theorie. Das gilt auch für die anderen Sinne und für die Denkformen.

Popper: Ich würde sagen: *Alle Hypothesen, alle Theorien*

sind genetisch, ihrer Entstehung nach, apriori, ob sie früher oder später gemacht werden, ob sie also Bestandteil der Gattungsgeschichte oder Bestandteil unseres individuellen Lebens sind. Man muß nur deutlich machen, *daß Kant geirrt hat, als er meinte, alles, was apriori ist, müsse wahr sein.* Apriori sind Hypothesen: Sie können *falsch* sein. Ein typisches Beispiel: Ein neugeborenes Kind erwartet, daß es gepflegt wird. Das kann ein tragischer Irrtum sein; dann geht das Kind zugrunde. Das Apriori war zwar aus gutem Grund im Genom verankert, aber es gibt keine Garantie, daß die Erwartung sich erfüllt. Neue Theorien sind Erfindungen.

Lorenz: Ich habe schon 1942, als ich über Kant schrieb, als Verdienst der Begründer der modernen Physik hervorgehoben, daß sie überholte Kategorien wie Raum, Zeit oder Kausalität einfach wie menschengerechte Hypothesen beiseitegestellt und durch neue Begriffe beziehungsweise durch Statistik ersetzt haben – ganz ohne Bezugnahme auf eine evolutionäre Erkenntnistheorie.

Kreuzer: Darf ich zum Thema apriori – aposteriori festhalten: Auch hier kein Gegensatz.

Hirn macht Sprache, Sprache macht Hirn

Lorenz: Kein Unterschied, was das Prinzip anbelangt. Diese Sicht von apriori und aposteriori bietet nicht nur eine Verständigungsbasis mit der modernen Physik, Beispiel Teilchen – Welle, sie bestimmt auch meine Einstellung zum Leib-Seele-Problem. Wenn ich sage: »Da sitzt der Karl Popper«, meine ich nicht Deine physiologische Körperlichkeit, meine ich auch nicht Deine subjektive Erlebnisfähigkeit, an die ich glauben muß, sondern ich meine ganz bestimmt die Einheit beider. Und diese Eigenheit der Du-Evidenz, der Anschaulichkeit der körperlich-seelischen Einheit ist für mich so zwingend wie »zwei mal zwei ist vier«. Und deswegen leugne ich die Legitimität des psycho-physischen Parallelismus und bestehe auf der Identität von Leib und Seele. Mit allen Konsequenzen.

Popper: Hier haben wir wirklich einen ernsthaften Gegensatz. Wenn Du bei der Identität meinst, daß Leib und Seele irgendwie nicht trennbar sind, bin ich Deiner Meinung. Aber es gibt gegenwärtig eine Identitätsphilosophie, die eindeutig materialistisch ist. Das heißt, die gegenwärtige Identitätsphilosophie sagt in Kürze, daß es das Seelenleben gar nicht gibt.

Lorenz: Das ist ein Blödsinn.

Popper: Eben. Also in dem Sinn möchte ich wiederholen: Die Identitätsphilosophie ist monistisch. Ich bin ein Trialist. Nicht ein Dualist, sondern ein Trialist. Ich sage nicht nur, daß es einen Leib und eine Seele in dem Sinn gibt, zum Beispiel, daß wir jetzt sehr wach sind, aber auch schlafen, wobei unsere Seele eine ganz andere Rolle spielt, als wenn wir wach sind, sondern ich sage, daß unser Sprechen, unser Schreiben etwas Drittes schafft, nämlich die Produkte unserer geistigen Tätigkeit. Diese Produkte unserer geistigen Tätigkeit haben ein Feedback, eine Rückwirkung, auf unsere Seele, die so stark ist, daß darin der Hauptunterschied zwischen der menschlichen Seele und der Tierseele zu finden ist. Die menschliche Seele ist zumindestens 95 % abhängig von ihren Produkten. Ich nehme »95 %« zurück – es ist nämlich ganz unabschätzbar, wie sehr wir von unseren Produkten abhängig sind, zum Beispiel von unserem Sprechen, vor allem von unserem Sprechen, vom Schreiben, vom Gedruckten, das wir lesen …

Lorenz: Der menschliche Geist ist eine Kollektiverscheinung, er ist als Einzelwesen nicht zu verstehen.

Kreuzer: Der menschliche Geist ist also ein Rückkopplungsprodukt aus dem, was Professor Popper die Welt Drei nennt, nämlich der Welt der Produkte unseres Geistes. Geist entsteht durch Rückkopplung: Hirn macht Sprache, Sprache macht Hirn, beides zusammen macht das hohe Ich-Bewußtsein.

Lorenz: Ja, sicher.

Popper: Hier wieder kommt auch irgendwie die Bühlersche Sprachtheorie herein. Das ist eine ganz merkwürdige Sache. Die Bühlersche Sprachtheorie wurde von ihm in einer Schrift im Jahre 1918 entwickelt, in einer Schrift, ich glaube, im »Indogermanischen Jahrbuch«. Und er hat sie nie wieder so gut behandelt. Bühler ist Dein Lehrer, wie er meiner war. Bühler verbindet uns. Dennoch ist da ein Unterschied in der Formulierung. Bühler unterscheidet drei Stufen der Sprachentwicklung: Wann immer ein Tier oder auch eine Pflanze sich bewegt, so wird ein innerer Zustand *ausgedrückt*. Da ist die Sprache so etwas wie ein Thermometer: Wenn es hinaufgeht, zeigt es an, daß irgend etwas »steigt«. Als nächstes kommt dann die Signalfunktion, die Auslösefunktion: Der andere reagiert auf den Ausdruck. Und als Drittes sagt Bühler – und das ist die Menschensprache – kommt die *Darstellung von Sachverhalten*, von Situationen, von Tatsachen. Fast alle Sprachtheoretiker sind im Ausdrucksbereich steckengeblieben. Fast alle Sprachtheoretiker reden über die Sprache als Ausdruck. Wenige gehen weiter zur Auslösefunktion, und keiner kommt zur Darstellung – zur Darstellung, wo wirklich das *Problem der Wahrheit* entsteht. Ich halte das für ein ungeheuer wichtiges und ungemein interessantes Gebiet. Und hier ist wirklich der Ursprung des menschlichen Geistes: in der Rückkoppelung mit der Sprache. Und Du schreibst auch in Deinem Buch, daß das ein ganz großer Schritt ist; Du sprichst mit Recht von zwei großen Schritten: die Entstehung des Lebens und die Entstehung des Menschen. Das stimmt damit vollkommen überein, wenn Du sagst, die Entstehung des Menschen und die schnelle Entwicklung des Gehirns hängt mit der Sprache zusammen.

Lorenz: Das begriffliche Denken ist zweifellos Hand in Hand mit der Sprache entstanden.

Popper: Entschuldige, wenn ich Dich unterbreche. Ich mag den Begriff »Begriff« nicht, und ich mag den Begriff »Symbol«

nicht, und ich mag »begriffliches Denken« nicht. Ich glaube, der Begriff ist ein reines Mittel zum Zweck. Der Zweck ist die *Darstellung* und die *Wahrheit*: die Darstellung von *Sätzen, die wahr sind*. Der Begriff kann nie wahr sein, ein Symbol kann nie wahr sein. Das gilt für die Menschensprache und vielleicht für die Bienensprache.

Lorenz: Richtig: Vielleicht. Das ist eine schwierige Sache. Die Biene stellt dar, aber sie weiß es nicht. Vom Subjekt aus gesehen, ist das reine Äußerung. Und daß die andere Biene das versteht, ist eine eingebaute Hypothese. Kommunikation ohne Verständigung, durch Austausch von Äußerungen. Aber ich stimme Dir vollkommen bei, daß der Begriff nur ein Mittel zum Zweck ist.

Popper: Auch die Worte sind nur Mittel zum Zweck.

Lorenz: Ich stimme Dir punkto Symbol, punkto Begriff völlig bei. Nur weiß ich nicht, was ich statt dem sagen soll. Ich will auf Bühlers Sprachtheorie zurückkommen. Ich habe ganz sicher wesentlich davon Nutzen gehabt, daß ich an Bühlers Dreiteilung gemerkt habe, wie selten beim Tier schon die Auslösung ist, also die Stufe zwei. Ein Tier weiß in den seltensten Fällen, daß es etwas von einem anderen will. Der Hund, der mich anwinselt und zur Wasserleitung läuft, der will zweifellos etwas von mir. Aber ich habe verflucht wenige Beispiele, an denen ich nachweisen kann, daß die tierischen Äußerungen nicht nur Äußerungen, sondern Verständigungsversuche sind. Und Darstellung gibt es beim Tier, das hast Du vorweggenommen, merkwürdigerweise nur bei den Bienen, aber da in einem so starren System, daß das wieder mit Sprache nichts zu tun hat. Es ist aber irgendwie Darstellung.

Popper: Eines der entscheidenden Dinge bei der Darstellung ist, daß sie nicht durch die Situation bedingt ist. Ich kann mit Dir jetzt über den Nordpol sprechen, ich kann Dir erzählen, wie es dort aussieht. Das ist reine Darstellung, das gibt es nicht in der Auslösung, das gibt es nicht bei der Kundgabe, das gibt es nur bei der Darstellung, daß man über ferne Dinge sprechen kann, über ferne Länder, über Ereignisse, die vor hunderttausend Jahren geschehen sind usw.

Lorenz: Ich möchte noch etwas zugunsten des Begriffes sagen, und zwar im Zusammenhang mit Exploration, mit Versachlichung der Darstellung. Beim explorativen Verhalten probiert das Tier alle seine Verhaltensweisen auf das neue Objekt aus: Fressen, Verstecken, Hacken usw. Es will nicht fressen, sondern will wissen, ob das Objekt theoretisch *freßbar* ist, prinzipiell *freßbar* ist. Diese Funktion des explorativen Verhaltens hat Arnold Gehlen völlig richtig gesehen. Er hat aber geglaubt, das sei spezifisch menschlich. Und es ist nicht spezifisch menschlich. Und das ist doch etwas sehr Bemerkenswertes, daß ein Tier weiß, daß ein Objekt theoretisch freßbar ist. Unabhängig davon, ob das Subjekt jetzt Appetit hat. Und das Interessante ist, daß das explorative Verhalten in dem Augenblick erlischt, wo es nicht im »entspannten Feld« stattfindet. Im Moment, wo eine der Interessen wirklich im Ernstfall erwacht, wenn das Tier also hungrig wird, Angst kriegt oder sonst was, ist es mit der Exploration vorbei.

Popper: Das explorative Verhalten hat also sehr viel mit dem Spiel gemeinsam.

Lorenz: Es ist definitorisch nicht zu trennen vom Spiel. Der Homo ludens ist vom Homo explorans nicht zu trennen.

Kreuzer: Was heißt spielen? Die Welt ausprobieren?

Lorenz: Mit seinen eigenen Verhaltensweisen kreativ zu experimentieren.

Popper: Ich habe eine Theorie über die Entstehung der Darstellungsfunktion aus dem Spiel: daß Kinder durch Nachahmung der Erwachsenen dazu gebracht werden, gewisse Rollen der Erwachsenen zu spielen. Und daß sie den Mund mitverwenden zum Spiel, um zu zeigen, was für Laute die Erwachsenen machen. Und daß aus diesem spielerischen Nachahmen die eigentliche Menschensprache entsteht. Sicher kommen auch Warnungslaute herein. Der spielerische Gebrauch der Warnungslaute führt zum ersten Mal zur Lüge. Und damit kommt das Wahrheitsproblem zum Vorschein. Mit dem Wahrheitsproblem kommt somit das Darstellungsproblem.

Lorenz: Und deshalb ist das Rollenspiel beim Kind, daß man Eltern spielt usw., so wichtig.

Kreuzer: Da sind wir beim spezifisch Menschlichen. Hier beginnt der Mensch, und hier beginnt auch das hohe Ich-Bewußtsein, jetzt im Popperschen Sinn.

Lorenz: Da beginnt die *persona* im engeren Sinne. Nämlich die *Rolle*: Wer bin ich? Das ist großartig. Kein Widerspruch.

Popper: Die berühmte Geschichte, daß man zu oft »Wolf!« schreit, ist keine moralische Geschichte: Man soll nicht lügen usw.; sondern sie ist wirklich die Geschichte, wie die Sprache entsteht: dadurch, daß man zum Spaß »Wolf!« schreit und somit lügt. Dann entsteht das Problem der Wahrheit und somit die Darstellung. Das Wahrheitsproblem entsteht nur mit der Darstellung. Für die Bienen gibt es kein Wahrheitsproblem. Wenn Karl von Frisch sie nicht irreführt, so sagen sie die Wahrheit: Lügen können sie nicht.

Lorenz: Ein sehr schönes Beispiel.

Gockel-Ich und Mensch-Ich

Kreuzer: Angesichts von soviel Übereinstimmung möchte ich nicht Widerspruch provozieren, aber mir ist doch einiger Gegensatz in der Herausarbeitung des Ich-Bewußtseins bei beiden Professoren in Erinnerung. Hier, bei Professor Popper, die besondere Beachtung des hohen Ich-Bewußtseins, das sich aus der Argumentationsfunktion der Sprache ergibt, aber bei Ihnen, Herr Professor Lorenz, habe ich doch bemerkt, daß Sie eine Vorform des Ich-Bewußtseins auch bei den Tieren vermuten. Besteht hier ein Gegensatz, ein Unterschied?

Lorenz: Gott, so ein Gockel, der kräht und mit den Flügeln knallt, der hat mehr Ich-Bewußtsein als ich. Der überschätzt sein Ich maßlos. Der glaubt, er ist das Zentrum der Welt. Der ist so stolz und so aggressiv, der ist so egoistisch.

Kreuzer: Ist dieses Gockel-Ich unser Ich?

Popper: Wir beide sagen natürlich nein. Es ist nicht dasselbe.

Lorenz: Es ist nicht dasselbe, aber es steckt drin. Denn der reflektiert ja nicht. Beim Gockel kann es niemals eine Identitätssuche geben. Ein Untergockel, der eben zerzaust worden ist, der hat sehr wenig Ego.

Popper: Ich gebe ganz allgemein zu, daß in der Entwicklung der Lebewesen die alten Formen irgendwie immer noch da sind. Sie werden nie ganz überwunden. Also steckt der Gockel im Menschen, aber der Mensch doch nicht im Gockel.

Lorenz: Das ist auch ein Beispiel für Selbstverständlichkeit. Ich habe immer geglaubt, daß ich den ganzen Nicolai Hartmann frei erfunden habe. Das ist nicht wahr: Ich habe ihn von Gustav Kramer, und Gustav Kramer hat ihn von Max Hartmann, der ein Schüler von Nicolai Hartmann war. Und das, was Karl Popper soeben gesagt hat, ist für uns die größte Selbstverständlichkeit. B ist nicht Non-A, sondern B ist A plus B. Und C ist A + B + C. Und wenn das Unterste wegfällt, ist das Oberste auch beim Teufel. Und das ist die große Sünde des Reduktionismus. Die Sünde, zu sagen: Der Mensch ist eigentlich *nichts anderes als* ein Säugetier. Er ist selbstverständlich ein Säugetier, aber zu sagen: Er ist eigentlich nichts anderes, ist ganz falsch.

Kreuzer: Das, was Huxley »nothing else buttery« nennt.

Lorenz: »Nothing else buttery«, ja. Das wurde auch doppelt erfunden. Im Gelehrtenstreit konnte Huxley dann nachweisen, daß er die Priorität hat.

Kreuzer: Auf deutsch heißt das »Nichts-anderes-Alserei«. Der Mensch ist eine physikalische Angelegenheit, aber nicht nur eine physikalische Angelegenheit, und er ist vor allem nicht »nichts anderes als« eine physikalische Angelegenheit.

Lorenz: »Nothing else but« heißt *eigentlich*. Und die Sünde steckt im »eigentlich«, denn gerade »eigentlich«, also hinsichtlich dessen, was ihm allein *zu eigen ist*, ist er ganz was anderes als ein Säugetier.

Kreuzer: An der Stelle noch einmal zurück zum Leib-Seele-Problem, zum Ich-Problem, zum Bewußtseins-Problem. Für Sie, Herr Professor Lorenz, gibt es hier eine Kluft. Sie nennen das einen »vertikalen Hiatus«, eine Spaltung der Richtung oben-unten, eine unüberbrückbare Andersartigkeit des Ich-Bewußtseins von der Welt, der Innenseite und der Außenseite der Welt.

Lorenz: Für uns unüberbrückbar. Zu sagen: Die Seele gibt es nicht oder sie sei auch materiell erklärbar, ist der größte Unsinn, den man überhaupt sagen kann. Das können wir nicht erklären, und mein verstorbener Freund Gustav Kramer hat das so wunderbar ausgedrückt, indem er gesagt hat: »Angenommen, wir hätten im utopischen Enderfolg der Forschung alle seelischen Vorgänge bis ins kleinste beschrieben und könnten nachweisen, daß sie Punkt für Punkt mit physiologischen Vorgängen übereinstimmen, so wäre damit das Leib-Seele-Problem keineswegs gelöst, sondern wir wären höchstens zu der Aussage berechtigt, daß der psychophysische Parallelismus in der Tat sehr parallel sei.« Das ist die wunderbare Formulierung der Unlösbarkeit. Und schau, Unlösbarkeiten wundern mich nicht. Ich wundere mich nicht darüber, wie wenig ich verstehe, sondern ich wundere mich darüber, daß in meinem etwas verbesserten anthropoiden Gehirn sich solche Probleme immerhin abbilden lassen. Ich wundere mich, wie gesagt, nicht darüber, daß das Elektron einmal eine Welle, einmal ein Korpuskel ist und daß der Karli Popper einmal eine Seele, einmal ein Körper ist. Ich wundere mich, daß ich mich darüber wundere.

Popper: Ich glaube, daß Herr Kreuzer auf folgendes anspielt: Du sagst, das Bewußte ist nicht immer höher, sondern das Bewußte ist zum Beispiel das Zahnweh. Das Zahnweh ist sehr bewußt, aber ist keine höhere geistige Leistung. Es kann so bewußt sein, daß es mein Bewußtsein vollkommen ausfüllt, und es ist dennoch keine höhere geistige Leistung. In dem Sinne kann auch das ganz niedrige Zahnweh mein Bewußtsein vollkommen in Anspruch nehmen.

Lorenz: Ja, völlig richtig. »Und einzig in der engen Höhle des Backenzahnes weilt die Seele«, sagt Wilhelm Busch.

Kreuzer: Wie verhält sich das nun mit dem hohen Ich-Bewußtsein, das die Sprache voraussetzt. Hier liegt doch die Grenze horizontal.

Popper: In der Sprache, da kommt das.

Lorenz: Mit der Sprache kommt eine Grenze, und das ist natürlich ein Rückkoppelungskreis. Weil das Höhere Einfluß auf das Tiefere hat. Aber deshalb ist die Sprache immer noch etwas Natürliches. Noch sehr viele gute Denker haften noch am Glauben, daß etwas Unerklärliches ipso facto außernatürlich sein müßte. Insoferne bin ich Monist, wenn Du so willst. Trotz Einsehens meiner Uneinsichtigkeit des Leib-Seele-Problems. Aber die Vorstellung, daß alles, was mein armes Hirn nicht versteht, außerhalb der Natur stehen müsse, wie Du zum Beispiel beim Erwin Chargaff in »Unerklärliches Geheimnis« subkutan liest, kann ich nicht teilen.

Popper: Und hier kommen wir noch zu einem wichtigen Thema, zur Bedeutung der Kritik. Durch die Sprache machen wir die Theorie *kritisierbar*. Und das ist das Kolossale. Du hast vollkommen recht, ich bin ganz einverstanden mit Dir, daß es zwei große Abschnitte in der Evolution gibt: das Leben und den Menschen. Und der Mensch – das ist vor allem die Sprache. Was ist es, das die Kulturentwicklung ermöglicht? Die Kritik. Durch die Sprache ist eine Kritik möglich, und durch die Kritik haben wir dann die Kultur entwickelt.

Lorenz: Durch die Sprache ist eine Gemeinsamkeit, eine vorher nie dagewesene Gemeinsamkeit des Wissens und damit des Wollens entstanden.

Popper: Solange wir nicht unsere Theorien aus uns herausgestellt haben, solange waren wir identisch mit unseren Theorien, und daher konnten wir sie nicht *kritisieren*. Der Gockel kann sein Ich nicht von seinen Erwartungen, nicht von seinen Theorien unterscheiden.

Lorenz: Der Gockel bringt jeden um, der ihn kritisieren will – und das tun wir nicht.

Popper: Der Gockel kann seine Theorien nicht kritisieren. Wir können zum Beispiel darüber reden, ob wir Egoisten sind oder nicht. Die Sprache erlaubt es uns, einen Satz außerhalb von uns zu sehen und zu fragen: Ist dieser Satz richtig? Ist er wahr? Und damit fängt eigentlich erst der Satz an, ein Satz zu sein: mit der Möglichkeit der Unwahrheit des Satzes, mit dem Wahrheitsproblem. Ich habe übrigens diesen drei Bühlerschen Stufen eine vierte hinzugesetzt, nämlich die *argumentative* Funktion der Sprache. Wir können darüber sprechen, ob der Satz wahr ist oder nicht. Das ist dann eine eigene ...

Lorenz: Eine höhere Kategorie im Sinn von Nicolai Hartmanns Schichtenbau.

Kreuzer: Ist das jene vierte Stufe, die dann erst eigentlich den Menschen macht? Diese vierte Stufe der Sprachentwicklung bringt doch jene Rückkoppelung zwischen Welt 3, zwischen den Produkten unserer Kultur und unserem Gehirn. Und dort entsteht eigentlich jenes hohe, besondere Ich-Bewußtsein, von dem wir reden.

Lorenz: Ich kann über das Ich-Bewußtsein nicht reden, weil ich von meinem Ich immer überzeugt war, wahrscheinlich von einem sehr primitiven Gockel-Ich-Bewußtsein her. Mir ist es niemals ganz verständlich gewesen, wie einer Identitätssuche betreibt. Das ist mir nie, phänomenologisch, persönlich nie verständlich gewesen, aber das gibt es, kann ich nur sagen.

Popper: Du hast aber in Deinem Buch – ich hab' das angemerkt – von Identitätssuche geschrieben.

Lorenz: Wenn ich ein Sinken in bezug auf meine eigene wissenschaftliche Leistung bemerke und mir diese abgeschmackt und überhaupt nicht veröffentlichungswürdig erscheint, dann, was regelmäßig beim Abschluß eines größeren Manuskriptes passiert – der Fall entsetzt mich gerade – dann lese ich die Schriften meiner erbitterten Meinungsgegner.

Popper: Das kenne ich nicht.

Lorenz: Das kennst Du nicht: Weil Dir das Gockel-Ich-Bewußtsein fehlt! Weil du kein Gockel bist und ich einer bin!

Kreuzer: Wir haben zuerst im Gespräch erwähnt, daß das Bewußtsein dieser Art vom Ich mit dem Lehren zu tun hat. Daß es einem beim Lehren bewußt wird.

Lorenz: Das höhere Ich-Bewußtsein hat natürlich mit der menschlichen Gesellschaft zu tun. Das höhere Ich-Bewußtsein hängt damit zusammen, daß ich ein nützliches Glied einer Sozietät bin. Und das ist es, weswegen ich Biosoziologe bin. Es ist selbstverständlich eine der tiefsten Befriedigungen, zu merken, daß man verstanden wird, und zwar besonders von jungen Leuten. Das ist mir eine besondere Befriedigung, ein inneres Glücksgefühl. Wenn ich merke, daß die aufmerksam zuhören und sogar verstehen, was ich meine.

Popper (während er Lorenz' Hund krault): Es tut einem zum Beispiel leid, daß man kaum in diesem Verhältnis zu einem Hund stehen kann. Daß man dem Hund eine schöne Theorie nicht erklären kann.

Lorenz: Das macht mir weniger aus. Das erwarte ich vom Hund nicht.

Nichts ist schon dagewesen

Kreuzer: Wenn Sie Ben Akiba widersprechen: Nicht »Alles ist schon dagewesen«, sondern: Nichts ist schon dagewesen; wenn also die Welt offen ist, wenn daher auch die Wissenschaft offen ist, dann müßte man doch auch annehmen, daß sie Stufen der Entwicklung erreichen kann, die wir uns jetzt noch nicht vorstellen können.

Lorenz: Ich lebe jetzt in meinem letzten Buch, das heißt »Der Abbau des Menschlichen«. Es gibt Gefahren, die dieser Weiterentwicklung im Wege stehen. Ich habe den ganzen ersten Teil meines Buches der Unbestimmtheit des Weltgeschehens, der Unvoraussagbarkeit des Weltgeschehens gewidmet, weil es so ungeheuer naheliegt, zu glauben, es müsse nach oben gehen. Der praktische Mensch kennt die Entwicklung nur vom

Samenkorn zum Getreide, vom Ei zum Hühnchen, und wenn man ihm einen schönen Stammbaum von der Amöbe bis zum Menschen vormacht, liegt es zwingend nahe, zu glauben, die innere, bessere Zukunft sei determiniert. Und daher muß man es dem Menschen unter die Nase reiben, daß er von jedem erreichten Niveau der Evolution nach oben, aber auch nach unten gehen kann und daß nirgends geschrieben steht, daß der Mensch nicht jetzt auf dem Gipfelpunkt seiner Entwicklung ist und nun im Begriff ist, zu vermassen, daß Erkenntnisse und Fortschritte in der Wissenschaft in der Vermassung stecken bleiben und alles in Richtung auf ein schauerliches arbeitsteiliges Termitensystem zugeht.

Kreuzer: Ist diese eindrucksvolle Widerlegung eines naiven Optimismus Grund zum Pessimismus?

Popper: Nein. Im Gegenteil. Im Gegenteil, es ist eine Aufforderung, daß man die Möglichkeiten sieht und die Chancen nützt. Das ist es. Kein Grund zum Pessimismus. Ich sehe die größte Gefahr eigentlich im Pessimismus, das heißt in dem dauernden Versuch, den jungen Menschen zu sagen, daß sie in einer schlechten Welt leben. Das sehe ich als die größte Gefahr unserer Zeit, größer noch als die Atombomben. Daß man den Leuten suggeriert, sie leben in einer schlechten Welt, einer verlogenen Welt und ich weiß nicht, was. Wir leben, historisch gesehen (das ist meine Meinung), in der besten Welt, die es bisher gegeben hat. Natürlich ist es eine schlechte Welt, weil es eine bessere gibt und weil das Leben uns anspornt, nach einer besseren Welt zu suchen. Und diese Suche nach der besseren Welt müssen wir fortsetzen. Aber das bedeutet nicht, daß unsere Welt schlecht ist. In Wirklichkeit ist nicht nur die Welt schön, sondern die jungen Leute haben heute die Möglichkeit, diese schöne Welt zu sehen. In einer Weise, die sie früher nie gehabt haben. Das ist ungeheuer wichtig.

Lorenz: Man ist als Arzt oft verpflichtet, zu warnen. Das heißt nicht, daß man pessimistisch ist. Wenn man alle Krankheitsmöglichkeiten sieht und darauf aufmerksam macht, so heißt das nicht, daß man pessimistisch ist. Ich gelte als Kulturpessimist. Ja, wenn ich das wäre, würde ich ja nur mit meinen Fischerln und meinen Gänsen spielen und mich nicht mit Menschheitsfragen beschäftigen. Eine der Hauptgefahren ist, wie Karl Popper es richtig sagt, die Sinnentleerung der Welt für die Jugendlichen. Was auch Viktor Frankl sehr richtig sieht und sehr richtig bekämpft, ist der Sinnverlust. Ich frage mich immer, wie man dem entgegentritt, und die wichtigste Gegenmaßnahme, die ich kenne, ist, junge Leute mit der Schönheit der Natur bekanntzumachen. Ein Mensch, der die Schönheit eines Frühlingswaldes, die Schönheit von Blumen, die herrliche Komplikation irgendeines Tierstammes genau kennt, kann unmöglich an dem Sinngehalt der Welt zweifeln. Die Möglichkeit zur Höherentwicklung, zu ungeahnter, zu nie dagewesener Höherentwicklung ist ebenso offen wie die Möglichkeit, daß die Menschheit sich zu einer Termitengemeinschaft schlimmster Art entwickelt.

Kreuzer: Nichts ist schon dagewesen.

Lorenz: Nichts ist schon dagewesen, *und alles ist möglich!*

Kreuzer: Ich danke Ihnen, meine Herren.

DAS SYMPOSIUM AUS ANLASS DES 80. GEBURTSTAGES VON KARL R. POPPER (WIEN, 24.–26. MAI 1983)

1. Tag: Wissenschaft und Hypothese
2. Tag: Die drei Welten
3. Tag: Die offene Gesellschaft

1. Tag: Wissenschaft und Hypothese

(Karl R. Popper, Roman Sexl, Rupert Riedl, Friedrich Wallner, Paul Weingartner)

Popper: »Wissenschaft und Hypothese« ist der Titel eines Buches von Henri Poincaré, eines der hervorragendsten Bücher der Philosophie der Wissenschaften; ich habe ihn deshalb als Titel für das Thema des heutigen Tages gewählt.

Ich möchte mit einem Bekenntnis zur Naturwissenschaft beginnen. Die Wissenschaft steht heute unter dem Einfluß von sehr fragwürdigen modernistischen Strömungen. Sie wird nicht nur von außen, sondern auch von innen angegriffen. Aber ich halte die Naturwissenschaft neben der Musik, der Dichtung und der Malerei für die größte Leistung des menschlichen Geistes. Natürlich kann alles mißbraucht werden. Auch die Musik kann mißbraucht werden, und sie wird mißbraucht. Auch die Malerei kann mißbraucht werden, und sie wird mißbraucht. Und so wird auch die Wissenschaft mißbraucht. Trotzdem ist die Naturwissenschaft unsere größte Hoffnung. Wenn wir uns aus dem Sumpf, in den wir geraten sind, herausziehen können, dann sicher nur mit Hilfe der Wissenschaft. Das klingt wohl »szientistisch«, wie man das heute nennt.

Der Vorwurf des Szientismus paßt nicht

Ich möchte daher betonen, daß der Vorwurf des Szientismus nicht auf die Wissenschaftler paßt. Kein einziger der großen

Wissenschaftler kann als Szientist bezeichnet werden. Alle großen Wissenschaftler waren der Wissenschaft gegenüber skeptisch, vorsichtig. Sie haben gewußt, wie wenig wir wissen. Der Vorwurf des Szientismus kann zum Beispiel kaum gegen Henri Poincaré erhoben werden. Newton, der einer der größten Menschen war und wahrscheinlich der größte aller Wissenschaftler, hat von sich als von einem kleinen Jungen gesprochen, der am Strand des Meeres kleine Steine und Muscheln aufliest und kaum sieht, daß ein unbekanntes Gebiet, das Meer, vor ihm liegt. Ich glaube, daß alle wirklichen Wissenschaftler sich ähnlich wie Newton gesehen haben: Sie haben gewußt, daß wir nichts wissen und daß auch auf dem Gebiet, das von der Wissenschaft schon beackert ist, alles ganz unsicher ist. Wie Sie ja alle wissen, wurde die Newtonsche Theorie durch die Einsteinsche Theorie mehr oder weniger abgelöst. So geht es eben in der Wissenschaft.

Bis vor etwa hundert Jahren hat man gedacht, daß das von Newton erschlossene Gebiet der Mechanik das ganze Gebiet der Wissenschaft umfassen wird. Etwa um 1890 wurde ein neues Gebiet durch die Entdeckung des Elektrons von J. J. Thomson aufgeschlossen: das Gebiet der Elektronik. Das hat zu einer Revolution geführt, die kaum jemand außerhalb der Wissenschaft bemerkt hat, nämlich zur elektronischen Revolution, in der wir heute leben. Es gibt verschiedene Phasen in dieser Revolution, auf die ich nicht eingehen werde. Was ich betonen möchte, ist, daß die Wissenschaft Menschenwerk ist. Und als Menschenwerk ist die Wissenschaft fehlbar. Nur eben das Bewußtsein der Fehlbarkeit der Wissenschaft ist es, was die Wissenschaftler von Szientisten unterscheidet. Denn wenn der Szientismus überhaupt etwas ist, dann ist es der blinde, dogmatische Glaube an die Wissenschaft. Aber dieser blinde Glaube an die Wissenschaft ist den echten Wissenschaftlern fremd. Und daher ist der Vorwurf des Szientismus vielleicht ein Vorwurf gegen gewisse populäre Ideen über die Wissenschaft, aber kein Vorwurf, der die Wissenschaftler selbst trifft.

Wir wußten nicht einmal, was Wasser ist

In der Wissenschaft gibt es kein Wissen in dem Sinn, in dem man normalerweise im Deutschen vom Wissen spricht. Das wissenschaftliche »Wissen« ist kein Wissen: Es ist nur *Vermutungswissen*. Es kann passieren, daß es im Zentrum der Wissenschaft, dort, wo wir es am wenigsten vermuten würden, zu einer Änderung kommt, so daß sich alles ändert. Das beste Beispiel ist vielleicht die Entdeckung des »schweren Wassers«. Ich kann mich selbst – ich bin alt genug, ich bin einundachtzig – genau daran erinnern, was für eine Überraschung, ja geradezu Entsetzen es in Chemikerkreisen gab, als Harold Urey – ich glaube, es war ungefähr 1932 – das »schwere Wasser« isolierte. Wasser – H_2O – das war sozusagen das triviale Zentrum, das Allersicherste in der ganzen Chemie. Das hat man gekannt, wenn man irgend etwas gekannt hat. Alle Atomgewichte wurden auf Wasserstoff und Sauerstoff bezogen. Die ganze Chemie war sozusagen auf dem Wasser aufgehängt – und dann stellte sich heraus, daß wir das Wasser nicht kannten, daß wir nicht wußten, daß es verschiedene Wasserstoffarten gibt, und daß wir nicht ein Element Wasserstoff vor uns haben, sondern ein Gemisch von verschiedenen Wasserstoffarten, den Isotopen. So geht es aber immer in der Wissenschaft. Wir wissen nicht, an welcher Stelle die Revolution, die Neuentdeckung kommt. Wir können es nicht voraussehen.

Die andere große Neuentdeckung war natürlich die Relativitätstheorie. Sie war es, die mich so stark beeinflußt hat in meiner Einstellung zur Wissenschaftstheorie. Ich weiß nicht, ob Einstein gegenüber Newton recht hat: Niemand weiß das. Was sicher ist, ist, daß Einstein uns gezeigt hat, daß Newton möglicherweise, ja sogar vermutlich, korrigiert werden mußte. Und die Newtonsche Theorie war in dieser Zeit die am besten geprüfte, am besten erprobte Theorie, die es je gegeben hat. Es war eine Theorie, die uns die Welt erschlossen hatte. Durch die Newtonsche Theorie lebten wir in einer Welt, die wir verstehen konnten, das heißt, die wir geglaubt haben zu verstehen. Und dann kam Einstein und zeigte, daß alle die vielen, vielen Beobachtungen und Experimente, die die Newtonsche Theorie unterstützt haben, auch als Unterstützung einer vollkommen anderen Theorie gedeutet werden können. In den Voraussagen der beiden Theorien gab es fast keinen Unterschied, aber Einstein bot eine vollkommen andere Konzeption. Das frühere Verständnis der Welt erschien oberflächlich, verglichen mit dem neuen Verständnis, das die Einsteinsche Theorie eröffnet hatte. Und einige bei Newton unlösbaren Probleme wurden lösbar.

Die Welt wird nicht verdaut, sie wird gemacht

Das bedeutet nicht, daß ich sage, die Newtonsche Theorie ist falsch und die Einsteinsche Theorie ist richtig – das bedeutet nur, daß wir an diesem Beispiel sehr deutlich sehen, daß wir es in der Wissenschaft, auch in der sichersten, besten Wissenschaft, durchwegs mit Vermutungswissen zu tun haben. *Nicht mit Wissen, sondern mit Vermutungswissen.* Was ich über die Wissenschaft zu sagen habe, kann ganz kurz folgendermaßen formuliert werden: Die Wissenschaft ist nicht die Verdauung der Sinnesdaten, die in uns durch unsere Augen und Ohren und so weiter einfließen und die wir irgendwie zusammenbrauen, durch Assoziationen verknüpfen und dann zu Theorien machen. Die Wissenschaft besteht aus Theorien, die unser Werk sind. Wir *machen* die Theorien, wir gehen mit den Theorien in die Welt, wir untersuchen die Welt aktiv und schauen, was wir aus der Welt an Information herausziehen, herausreißen können. Die Welt gibt uns keine Information, wenn wir nicht mit dieser Fragestellung an die Welt treten: Wir *fragen* die Welt, ob diese oder jene Theorie richtig oder falsch ist. Und dann versuchen wir, diese Fragen gründlichst zu untersuchen, ohne jemals Sicherheit zu erlangen.

Wir können in der Wissenschaft nach Wahrheit streben, und wir tun das. Wahrheit ist der grundlegende Wert. Was wir *nicht* erreichen können, ist Sicherheit. Auf die Sicherheit müssen wir verzichten. Sicherheit, Gewißheit können wir niemals bekommen. Alles, was wir tun können, ist, daß wir unsere eigenen, von uns geschaffenen Theorien selbstkritisch überprüfen, daß wir selbst versuchen, unsere Theorien zu zerschlagen, zu widerlegen.

Die kritische Einstellung ist das Wesentliche in der Wissenschaft. Zuerst also schaffen wir die Theorien, und dann kritisieren wir die Theorien. Da wir sehr menschlich zu unseren Theorien eingestellt sind und gewöhnlich unsere Theorien verteidigen, statt sie zu kritisieren – nämlich unsere eigenen Theorien – gibt es so etwas wie einen freundlich-feindlichen Wettbewerb zwischen den Wissenschaftlern. Wenn ich meiner Theorie nicht kritisch genug gegenüberstehe, gibt es hundert Leute, die meiner Theorie sehr kritisch gegenüberstehen. Und diese kritische Einstellung muß man begrüßen.

Was man nicht begrüßen muß, ist, daß die Kritik oft persönlich wird. Das ist auch sehr menschlich. Fast immer werden die Kritiken an den Theorien mehr oder weniger persönliche Kritiken an den Menschen, die die Theorien vorgebracht haben. Das ist eine menschliche Schwäche, gegen die man eigentlich auftreten sollte, aber es ist ziemlich hoffnungslos. So muß man das schlucken. Das kommt immer wieder vor. Es ist aber sehr wichtig und auch ungeheuer wichtig aus erzieherischen Gründen, ungeheuer wichtig für die Demokratie, wenn man mit gutem Beispiel vorangeht und versucht, die Kritik so sachlich wie möglich zu machen. Es ist vielleicht ein unerreichbares Ideal, aber jedenfalls für die Wissenschaftler zumindest ein sehr dringliches und wichtiges Ideal, daß man alle Kritik sachlich vorbringt.

Die Kritik, die ich erwähnt habe, die Kritik des Szientismus, ist keine sachliche Kritik. Wenn diese Kritik sachlich sein sollte, so müßte der Bekämpfer des Szientismus auf bestimmte Fälle hinweisen, wo Wissenschaftler zu dogmatisch sind, zu sehr an die Wissenschaft glauben. Solche Fälle sind aber sehr selten, was Wissenschaftler betrifft. Die Bekämpfer des »Szientismus« selbst sind sehr dogmatisch und nehmen als selbstverständlich an, daß jeder dogmatisch ist. Die Wissenschaftler sind die einzigen, die es sehr oft nicht sind.

Kübel-Geist und Nürnberger Trichter

Meine Wissenschaftstheorie ist also ungeheuer einfach. Es sind *wir*, die die wissenschaftlichen Theorien schaffen, es sind *wir*, die die wissenschaftlichen Theorien kritisieren. Das ist die ganze Wissenschaftstheorie. *Wir* erfinden die Theorien, und *wir* bringen unsere Theorien um. Wir schaffen damit neue Probleme und kommen in die Situation, in der wir, wenn wir können, neue Theorien erfinden. Das ist in kurzem die Wissenschaft und die Wissenschaftsgeschichte. Die übliche Theorie ist ganz anders. Die übliche Theorie nenne ich die *Kübel-Theorie* des menschlichen Geistes. Unser Kopf ist ein Kübel. Er hat Löcher, und bei den Löchern fließt die Information von der Welt hinein. Das ist auch die Grundtheorie der Pädagogik. Die Trichtertheorie ist dann die Theorie des Lehrprozesses. Der Kübel bekommt noch extra einen Trichter aufgesetzt, und dort gießt man dann das Wissen hinein. Das ist die übliche Theorie. Tatsache ist, daß unsere Pädagogik darin besteht, daß man die Kinder mit Antworten überhäuft, ohne daß sie Fragen gestellt haben, und auf die Fragen, die sie stellen, hört man nicht.

Ungefragte Antworten, unbeantwortete Fragen

Das ist die gewöhnliche Pädagogik: *Ungefragte Antworten* und *unbeantwortete Fragen*. (Zustimmung im Auditorium.)

Darin besteht im wesentlichen unsere Pädagogik. Es ist aber so, daß alle Organismen, nicht nur der Mensch, sondern alle Organismen, dauernd an die Welt Fragen stellen und dauernd Probleme zu lösen versuchen.

Ich zitiere mich selbst: »Von der Amöbe zu Einstein ist nur ein Schritt.« Wenn Sie sich davon überzeugen wollen, empfehle ich Ihnen das ausgezeichnete Buch von J. S. Jennings *Das Verhalten der niederen Organismen*. Die niedersten Organismen stellen dauernd Fragen an die Welt und versuchen dauernd, Probleme zu lösen. Wo keine Fragen gestellt werden, können Antworten nicht verstanden werden. Die Fragen führen natürlich sehr oft zur Zerstörung des Organismus.

Alle Organismen stellen und lösen dauernd Probleme; und daher ist die Wissenschaft eigentlich nichts als eine Fortsetzung der Tätigkeit der niederen Organismen. Es gibt einen großen Unterschied zwischen der Amöbe und Einstein, und das ist, daß Einstein seinen eigenen Problemlösungen *kritisch* gegenübersteht. Und das kann er nur, weil es eine Sprache gibt, eine menschliche Sprache, in der wir unsere Problemlösungen formulieren können. Damit stellen wir sie außerhalb unseres Körpers hin. So wie andere Werkzeuge, die wir geschaffen haben. Statt daß wir uns eine Drüse an die Fingerspitze wachsen lassen – eine Tintendrüse – und damit schreiben, schaffen wir eine Feder. Das ist es, was die Menschen von den Tieren unterscheidet.

Pawlows Hund war viel gescheiter

Und das wichtigste dieser Instrumente ist die menschliche Sprache. Die Tiere haben auch ihre Sprache, aber sie können keine Behauptungen aufstellen, sie können nur ihren inneren Zustand »*kundgeben*«, wie es Bühler nennt, und die Kundgabe kann in anderen Tieren eine Reaktion *auslösen*. Aber wir können unsere Theorien sprachlich formulieren. Und dann können wir diese Theorien kritisieren. *Diese Kritik macht die menschliche Wissenschaft möglich.* Die Bedeutung der Sprache, der sprachlichen Formulierung, und die Bedeutung der Kritik kann man gar nicht überschätzen. Das ist wirklich das Wichtige in der menschlichen Gesellschaft, und das führt zur Wissenschaft.

Das ist in Kürze meine Wissenschaftstheorie, und ich habe sie schon kurz unterschieden von der Kübel-Theorie des menschlichen Geistes, die auch als Theorie der Induktion bezeichnet werden kann.

Die Theorie der Induktion ist: Aus der Information, die durch unsere Sinne in uns hineinfließt, lernen wir; und durch Wiederholungen lernen wir Gesetzmäßigkeiten. Meiner Meinung nach lernen wir nur durch *Tätigkeit*, durch Aktivität und niemals durch Passivität. Der berühmte Hund von Pawlow, der angeblich durch den bedingten Reflex gelernt hat, war – wie alle Hunde – aktiv an seinem Fressen interessiert. Wäre er nicht aktiv an seinem Fressen interessiert gewesen, hätte er nichts gelernt. So hat er aber die *Theorie* aufgestellt: Wenn die Glocke läutet, kommt das Essen. Das ist eine Theorie und kein bedingter Reflex.

Es gibt keine bedingten Reflexe, es gibt keine Assoziationen, das sind alles verfehlte mechanistische Theorien. Natürlich habe ich Respekt vor der Assoziationstheorie und Respekt vor der Bedingten-Reflex-Theorie (und überhaupt vor der Reflextheorie) als interessante Versuche. Aber es sind fehlgeschlagene Versuche, wie die meisten unserer theoretischen Versuche. Sie leben noch immer, aber eigentlich sind sie überwunden. Es gibt keine Assoziation, es gibt keinen Reflex, es gibt keinen bedingten Reflex. Es gibt nur Aktivität – aktives Suchen nach Gesetzen – und Theorienbildung. Und es gibt die Auslese von Theorien. Das ist, in Kürze, meine Erkenntnistheorie.

Seidenpapier wirft Granaten zurück

Sexl: Theorien sind mögliche Erklärungen der Phänomene, und die Physik ist ja dadurch ausgezeichnet, daß sie niemals eindeutig ist. Es wird immer gezeigt, daß man etwas vorschlagen kann, das einige Daten erklärt, aber es wird nie gezeigt, daß diese Erklärung die einzig mögliche ist. Das kann man an vielen Beispielen aufzeigen: In der Frühzeit der Atomphysik hatte J. J. Thomson ein Atommodell aufgestellt, das im wesentlichen aus einem Brei bestand. Auf diesen Brei hat Rutherford mit Alpha-Teilchen geschossen. Er schreibt selbst, wie erstaunt er war, als seine Geschosse zurückkamen, als hätte er mit »Granaten auf Seidenpapier geschossen« und die Granaten wären zurückgekommen. Da haben wir ein eklatantes Beispiel für eine solche Widerlegung einer Theorie durch das Experiment.

Ein anderes Beispiel, an dem man zeigen kann, daß sich auch Wissenschaftler sehr klar der Hypothesenhaftigkeit ihrer Theorien bewußt waren, kann ich aus Maxwell »Über physikalische Kraftlinien« zitieren: Er macht eine Annahme und schreibt dann: »Wenn wir durch dieselbe Annahme die Phänomene der magnetischen Anziehung mit denen des Elektromagnetismus in Verbindung bringen können, so erhalten wir dadurch eine Theorie, deren Unrichtigkeit nur durch Experimente nachgewiesen werden könnte, welche unsere Kenntnisse dieses Gebietes der Physik wesentlich erweitern würden.« Hier hat man, glaube ich, sehr klar diesen Gedanken ausgedrückt: daß man aus der Unrichtigkeit von Theorien sehr, sehr viel lernen kann, und das, was Sie, Professor Popper, gerade in Kontrast zum Szientismus gesetzt haben, das finden wir hier in exemplarischer Klarheit.

Den Szientismus findet man heute – und ich bin immer erstaunt, wie weit er verbreitet ist – in der Werbung. Dort wird Wissenschaft immer noch als natürliche Magie eingesetzt, wie es ungefähr im achtzehnten Jahrhundert üblich war – man mischt irgendein Enzym oder sonstwas wissenschaftlich Klingendes bei – und alles ist in Ordnung.

Was ist ein »naiver Falsifikationist«?

Ich möchte aber jetzt mal folgende Frage anschließen: Wir haben hier sehr schöne Beispiele dafür, wie Theorien durch Experimente falsifiziert werden können. Sie können nie verifiziert werden, es kann nie ihre Eindeutigkeit gezeigt werden. Aber wenn wir gerade jetzt den großen Übergang von Newton zu Einstein betrachten, der ja auf völlig anderen theoretischen Grundlagen aufbaute – da ist dann die Frage, ob gerade an dieser Stelle auch das Experiment die entscheidende Rolle gespielt hat oder ob nicht zwei Theorien einige Zeit nebeneinander bestanden haben, so daß von einer naiven, einer einfachen Falsifizierbarkeit keine Rede gewesen sein kann. Die Äthertheorie, die Einstein ablöste – sie war ja der Ausbau der Newtonschen Theorie –, war noch lange mit allen Experimenten verträglich, und man kann sie sogar heute noch so formulieren, daß sie mit diesen Experimenten noch immer verträglich ist. Hier sieht man eben, daß die Methodik der Falsifizierung weiter ausgebaut werden muß, daß sie mit Kautelen versehen werden muß.

Popper: Was Sie sagen, ist ganz richtig. Was ich bestreiten möchte, ist, daß ich jemals eine solche naive Theorie der Falsifikation aufgestellt habe. Ich habe vom Anfang an in meiner Veröffentlichung von 1933 und insbesondere von 1934 betont, daß man jeder Widerlegung ausweichen kann, daß es aber wichtig ist, daß man versucht, seine Theorie so zuzuspitzen, daß sie widerlegt werden *kann*. Und das hat Einstein in der allgemeinen Relativitätstheorie tatsächlich getan. Er hat zum Beispiel gesagt: Wenn die Gravitations-Rotverschiebung sich experimentell als unrichtig herausstellen sollte, würde er seine Theorie sofort aufgeben. Das ist ein Beispiel, wie sehr Einstein sich darüber klar war, daß man auf die Falsifikation hinsteuern muß. Selbstverständlich wären, auch wenn Einstein dann seine Theorie aufgegeben hätte, viele Einsteinianer übriggeblieben, die gesagt hätten: »Nein, nein, man muß das gar nicht aufgeben.« Selbstverständlich muß man niemals eine Theorie aufgeben. Man kann ja immer noch – das habe ich in der »Logik der Forschung« ausdrücklich gesagt – mit Hilfe von Hilfshypothesen oder anderen Mitteln seine Theorie zu retten versuchen.

Es ist aber meiner Meinung nach die Aufgabe des Wissenschaftlers, wenn irgendwie möglich, auf solche Entscheidungsexperimente – die man im Englischen »crucial experiments« nach dem lateinischen »experimentum crucis« nennt – hinzusteuern und wenn möglich, ein solches Experiment zu machen. Ich weiß nicht, ob ich da auf die Geschichte der Relativitätstheorie eingehen soll, aber jedenfalls wurde die Beobachtung der Lichtabweichung bei der Sonnenfinsternis 1919 von Engländern energisch betrieben, obzwar es unmittelbar nach dem Ersten Weltkrieg war, in einer Zeit, in der man die deutsche Wissenschaft – Einstein galt als Deutscher – sonst sehr abgelehnt hat. Aber das wurde als ein »crucial experiment« angesehen, und das Ergebnis wurde als sehr stark für Einstein sprechend akzeptiert.

Sexl: Aber Einstein hat auch bei vielen Experimenten nicht so reagiert. So wie sich eine Theorie irren kann, so kann sich auch ein Experiment irren. Es gab ja zum Beispiel gerade in der Frühgeschichte der Theorie einige Experimente, die durchaus gegen ihn gesprochen haben und wo sich dann erst Jahrzehnte später herausgestellt hat, was in diesen diffizilen Experimenten schiefgegangen ist: Nicht die Theorie war falsch, sondern das Experiment. Also eine Falsifizierung in diesem Sinn darf auch vom Wissenschaftler, vom Theoretiker in diesem Fall, nicht allzu naiv betrachtet werden, sonst hätte er sehr bald immer wieder Theorien, die aufzugeben sind.

Popper: Natürlich. Wie gesagt, habe ich das immer wieder betont, aber man hat dann an meiner Theorie kritisiert, daß sie die Falsifizierung zu naiv ansehe. Thomas Kuhn zum Beispiel hat nirgendwo geschrieben: »Popper ist kein naiver Falsifikationist (ich übersetze aus dem Englischen), aber man kann ihn als solchen behandeln.« Natürlich kann man mich als solchen behandeln. Man kann mich auch als Mörder behandeln – ich bin kein Mörder, man kann mich als Mörder behandeln.

Sexl: Kein Theorienmörder. Man kann dann natürlich die Frage stellen: Wenn die Falsifikation so kompliziert wird, wenn man sie auf konkrete Fälle anwenden möchte, gibt es da nicht geeignetere Beschreibungen? Und da sollten wir dann gerade auch auf Thomas Kuhn eingehen und sehen, ob der Vorgang nicht besser als wissenschaftliche Revolution verstanden werden kann.

Nobelpreise – Lohn für die siegreiche Mafia?

Kreuzer: Hier sollte man doch ein paar Worte über Thomas Kuhn sagen. Von ihm stammt die Wissenschaftstheorie der »Paradigmata«. Er sagt, die Wissenschaft sei eine Vereinbarung jeweils einer Wissenschaftsmafia, die von der nächsten abgelöst wird.

Sexl: Es sei eher ein soziologischer Prozeß als ein logischer Prozeß oder ein kritischer Prozeß ...

Kreuzer: Wissenschaft ist das, was zwischen den Wissenschaftlern ausgemacht wird ...

Sexl: Es wird ausgemacht zwischen Gruppen – wer gewinnt, der hat dann den Nobelpreis. Und da ist die Frage, ob das, wenn die Beschreibung des Widerlegungsvorganges durch Falsifikation so kompliziert wird, eine einfachere und adäquatere Beschreibung eines solchen Prozesses sein könnte.

Popper: Ich würde das sehr bekämpfen. Erstens behaupte ich: Es wird nichts kompliziert hier. Zweitens behaupte ich, daß Kuhn wissenschaftshistorisch unrecht hat. Eine der Thesen von Kuhn, die wissenschaftshistorisch prüfbar sind, ist seine These, daß jede maturierte Wissenschaft in einem Stadium ist, in dem es nur *eine* Grundmeinung gibt. Das ist einfach falsch. Die Wissenschaftsgeschichte zeigt, daß die Theorie der Materie von Parmenides und Demokrit bis zu Heisenberg und Schrödinger in zwei Strömen, zwei Paradigmen im Sinne Kuhns, nebeneinander existiert hat, nämlich als »Kontinuum-Theorie« und »Diskontinuum-Theorie«. Und daß diese beiden gegensätzlichen Theorien einander nicht nur bekämpft, sondern befruchtet haben. Das spricht stark gegen die Kuhnsche Theorie.

Das ist aber nicht mein Problem. Mein Problem ist eher die Verteidigung meiner Einstellung, daß Wissenschaft *Wahrheitssuche durch Kritik* ist. Meine Einstellung ist einfach: Sei erfinderisch *und* kritisch! Formuliere deine These so scharf wie möglich! Das ist ein normatives Gesetz, keine Beschreibung der Wissenschaftsgeschichte, sondern ein Rat an den Wissenschaftler zur Verbesserung der Situation in der Wissenschaft. Wo immer du kritisch sein kannst, sei kritisch! Natürlich auch: Experimentiere kritisch und sei deinen Experimenten gegenüber kritisch. Sei dir bewußt, daß Experimente mißinterpretiert werden können, wie 1906, 1907 die erwähnten Kaufmannschen Experimente, die gegen die Einsteinsche Theorie zu sprechen schienen. Dieser Rat ist meiner Meinung nach die Einfachheit selbst. Und zu diesem Kritischsein gehört: Versuche immer wieder, ob du etwas auf eine mögliche Widerlegung zuspitzen kannst. Daß einige meiner Schüler sich hauptsächlich damit beschäftigt haben, meine Theorie zu komplizieren, das ist ein anderes Problem. (Auch daß so viele, die über meine Theorie urteilen, ihr Urteil aufgrund von Gerüchten über meine Theorie gebildet und gefestigt haben, ist ein anderes Problem.)

Der Kampf ums Dasein – ein Kampf der Theorien

Riedl: Ich möchte gleich bei der Frage des Falsifikationismus anschließen. Für mich als Biologen ist Ihre Theorie, Herr Professor Popper, gegenüber der Kuhnschen Theorie viel schöner. Weil ich glaube, daß Kuhn so etwas wie eine Soziologie des Wissenschaftsprozesses beschreibt, während Sie fast wie ein Moralist beschreiben, wie die Wissenschaft verlaufen *sollte*. Für einen Biologen sieht das dann so aus, als ob in der Kreatur etwas wie das Bedürfnis verankert wäre – das ist jetzt ganz schlampig gesagt –, seine Hypothesen zu vertreten. So wie die Mutation, selber eine Hypothese, das Risiko des Organismus ist, der sie trägt. Und hier zeigt es sich, daß man die Falsifikation – in der Biologie jedenfalls – den Nachbarn überläßt, der Population. Wären Sie einverstanden, daß wir dem Wissenschaftler eingestehen, er dürfte seine Theorie verteidigen zum Nutzen der Wissenschaft und es dem Nachbarn überläßt, sie zu sezieren und zu zerlegen? Ich würde mich als eine kulturelle Mutante in dem Sinn betrachten und erwarte, von meiner Umgebung widerlegt zu werden.

Popper: Es ist ein richtiger Standpunkt, daß man seine Theorie auch verteidigen soll. Denn wenn eine Theorie nicht verteidigt wird, dann stellt sich nie heraus, was sie wirklich leisten kann. Sehr oft hat man geglaubt, eine Theorie falsifiziert zu haben, und in Wirklichkeit konnte die Theorie nicht nur gerettet werden, sondern es ergaben sich aus dem Konflikt wichtige neue Elemente in dieser Theorie. Mit einem Wort: Der Kampf ums Dasein dehnt sich vor allem auf die Theorien aus. Man könnte geradezu sagen, der sogenannte Kampf ums Dasein ist *nur ein Kampf zwischen Theorien* – vom Anfang an bis zu unserer Zeit. Und daher muß die Theorie oder der Vertreter der Theorie kämpfen. Es ist aber auch so, daß sich ein echter Wissenschaftler, bevor er seine Theorie veröffentlicht, sehr gut überlegt, ob er sie nicht selbst widerlegen kann. Einstein zum

Beispiel schreibt irgendwo, daß in den zehn, fünfzehn Jahren, die er an der allgemeinen Relativitätstheorie gearbeitet hat, er ungefähr alle drei Minuten eine neue Theorie selbst verworfen hat. Das ist sicher eine kleine Übertreibung – er hat ja unter anderem auch geschlafen und gegessen und Geige gespielt. Aber jedenfalls ist es eine Beschreibung dessen, was ein aktiver Wissenschaftler tut, nämlich er erfindet und formuliert eine Theorie und sieht fast sofort: Das geht nicht, diese Theorie hat diese und jene Schwierigkeiten, die mir ja auch von anderen Theorien, die ich schon früher verworfen habe, bekannt sind – und daher weg damit!

Das Gehirn: ein Hypothesenorgan oder eine Organhypothese?

Riedl: Mein Auftreten unter Philosophen geschieht nur in Verkleidung. Wie Sie wissen, bin ich Biologe. Wir haben aber im Altenberger Konrad-Lorenz-Kreis immer wieder Gelegenheit gehabt, an Thesen von Ihnen zu kommen, die uns nicht nur geholfen haben, sondern die uns selber wieder Probleme aufgaben. Ein entscheidender Gewinn für uns ist Ihre Auffassung, Organe selbst als Hypothesen zu betrachten. Und das interessanteste Organ des Menschen ist sein Gehirn. Und wir befaßten uns nun mit der Frage: Welche Arten von Hypothesen sind diesem Gehirn bereits eingebaut? Also gewissermaßen: Was ist menschliche Ausstattung von Haus aus?

Und da stimmen wir Ihnen wiederum ganz zu, zu sagen, daß der bedingte Reflex eine, wenn überhaupt, sehr spezielle Sache ist wie der Patellarsehnen-Reflex, der wirklich zu den Reflexen zählen mag. Und Sie haben vollkommen recht, wenn Sie sagen, daß Pawlow sich geirrt hat, wenn er glaubte, das Speicheln der Hunde wäre ein bedingter Reflex. Wir wissen längst, es ist eine bedingte Appetenz. Bindet man den Hund los, dann wird er bellend und schwanzwedelnd auf die Glocke zulaufen und vor ihr sein ganzes Repertoire sozialen Futterbettelns abwickeln. Er ist also vorbereitet darauf. Und zu diesen Vorbereitungen darf ich ein paar Fragen stellen, die alle in den Umkreis des Induktionsproblems gehören. Gewissermaßen erkenntnistheoretisch betrachten wir unser Gehirn als ein hypothesenerzeugendes Agens.

Warten auf das Alte – Warten auf das Neue

Erster Hinweis: Alle höheren Organismen verhalten sich nun so, als ob mit der Bestätigung einer Erwartung, die sie an die Natur herantragen, die Folgeerwartung wahrscheinlicher würde. So wird ein Eichhörnchen, das fortgesetzt an taube Nüsse kommt, die nächste Nuß nicht mehr knacken. Eines, das an volle Nüsse kommt, wird die jeweils nächste unbedenklich öffnen. So werden wir in einem Hotel, das wir nicht kennen, eine verschlossene Tür nach einigen Versuchen auch morgen für verschlossen halten, so wird der Experimentator, wenn ihm ein Experiment gelungen ist, erwarten, daß es ihm das nächste Mal noch wahrscheinlicher gelingen wird.

Zweiter Hinweis: Er gilt für höhere Organismen wie für den Menschen. Es sieht so aus, als hätten wir einen angeborenen Abstraktionsapparat eingebaut. Mein Freund Eibl-Eibesfeldt erzählt die so liebe Geschichte, daß sein dreijähriges Söhnchen, ein erstes Mal seiner neugeborenen Schwester im Körbchen ansichtig, dieses als »Wauwau!« bezeichnet hat, es war dem Buben nicht auszureden, die Tierwelt in »Piepies«, Zweifüßer, und »Wauwaus«, Vierfüßer, einzuteilen. Ich glaube, daß dies darauf zurückzuführen ist, daß die Sinnesdaten zu zahlreich sind, die auf uns einströmen. Eine Weihnachtsbesorgung in überlaufener Stadt bringt uns hunderttausend Menschen vor Augen, die sich zwar alle vollständig auf der Netzhaut abbilden, aber es bleibt nur ein sehr allgemeines Bild – es kann nur ein sehr allgemeines Bild von ihnen zurückbleiben. Die ganze Begriffsbildung scheint in dieser Richtung zu laufen.

Drittes Beispiel: Organismen höherer Art verhalten sich so, als ob bei längerem Ausbleiben eines erwarteten Ereignisses das Eintreten dieses Ereignisses wahrscheinlicher würde. Das ist gegenüber dem Roulette eine katastrophale Strategie, wie wir wissen, ist aber gegenüber der Natur eine durchaus vertretbare Erwartung. Es bildet sich also auch hier, wie ich vermute, etwas ab. Im ersten die Wahrnehmung, daß es etwas wie eine allgemeine Wahrheit in der Welt gäbe, eine Wahrnehmbarkeit, eine Prognostizierbarkeit der Welt; im zweiten, daß zu viele Dinge da sind, als daß wir sie einzeln registrieren können. In diesem dritten Beispiel nun steckt die Vermutung, daß die Dinge in der Welt überwiegend »geclustert« (englisch: cluster – Klumpen) wären. Es ist ganz richtig, daß bei zunehmender Zahl von Schlechtwettertagen tatsächlich der Schönwettertag wahrscheinlicher werden wird.

Und das letzte, berühmteste Beispiel – die Philosophen sind ja sehr erfinderisch auf dem Gebiet ornithologischer Beispiele –: das Beispiel mit den Schwänen. Wir anerkennen sofort, daß unsere Erwartung, nachdem wir viele weiße Schwäne gesehen haben, der nächste Schwan werde weiß sein, kein logischer Schluß sein kann, denn der wahrheitserweiternde Schluß ist unmöglich. Wir glauben aber, empirisch zeigen zu können, daß es eine Appetenz ist, eine angeborene Erwartung, das bislang Bekannte wiederzuerwarten. Es wäre absurd, deshalb, weil ich sehr viele weiße Schwäne gesehen habe, den nächsten als rot zu erwarten oder ausgefärbt wie ein Perlhuhn: Man trägt vielmehr seine bislang gemachte Erfahrung an diese Welt wieder heran und wird von ihr unter Umständen belehrt und berichtigt.

Warum sich Kepler einen Esel genannt hat

Popper: In unserer Einstellung, dauernd mit Hypothesen zu arbeiten, erfinden wir dauernd Hypothesen, und eigentlich erklärt das alles. Wir sind dauernd bereit, an Dingen, die uns irgendwie interessieren, mit Hypothesen zu arbeiten, Hypothesen zu riskieren. Und diese Hypothesen sind sowohl Roulette wie Anti-Roulette. Es ist also sowohl Hypothese, wenn ich sage: Na ja, jetzt war es schon genug, jetzt kommt bald etwas anderes, als auch wenn ich sage: Das ist das, was immer kommt. Vielleicht geht es auch immer so weiter. Wir arbeiten mit dem einen oder dem anderen, aber dauernd eben mit Hypothesen, das ist alles.

Kreuzer: Steckt da nicht die Frage drin: Warum ist der Mensch vor-popperianisch angelegt und braucht erst den Karl Popper, um erklärt zu bekommen, daß er unrecht hat?

Popper: Das ist eine historische Sache. Es kommt teilweise von Francis Bacon und teilweise von Isaac Newton. Ich habe nicht nur den aller-allergrößten Respekt vor Newton, sondern im Gegensatz zu allen den modernen Newton-Biographen glaube ich, daß Newton ein wunderbarer Mensch war und daß diese Geschichten, die man sich über ihn erzählt, alle falsch sind. Darüber möchte ich jetzt nicht reden. Aber etwas ist richtig: Er hat die Keplerschen Gesetze als das Resultat von Induktion angesehen, vermutlich unter dem Einfluß von Bacon. Die Aufgabe Newtons, wie er sie gesehen hat, war, die Keplerschen Gesetze zu erklären. Die Keplerschen Gesetze waren nicht durch Induktion zustande gekommen, aber Newton hat ausdrücklich gesagt, daß sie induktiv gesichert sind. Und das hat natürlich einen ungeheuren Einfluß gehabt, eben weil Newton, mit Recht, einen ungeheuren Einfluß gehabt hat. Daß die Keplerschen Gesetze nicht induktiv waren, möchte ich nur mit zwei Worten andeuten.

Kepler selbst hat geschrieben: »Was für ein Esel war ich, daß ich das nicht früher bemerkt habe!« Das findet sich bei Kepler.

Mit anderen Worten: »Ich hätte doch diese Falsifikation schon früher bemerken müssen in meinen Notizen: Das ist ja der schreiende Fall einer Falsifikation!« Er hat also, wie wir alle, Zeit gebraucht, um zu sehen, wo etwas schiefgeht und falsch ist. Diese Stelle und ähnliche Stellen bei Kepler hat Newton nun offenbar nicht gekannt oder nicht entsprechend geschätzt. Er hat Keplers Vorgangsweise im Sinne des Nicht-Wissenschaftlers Bacon, des ausgesprochenen Nicht-Wissenschaftlers, des Propagandisten Bacon, als Induktion interpretiert.

Erkenntnisorgan oder Überlebensorgan?

Kreuzer: Ist es also übertrieben zu sagen, daß unser Gehirn an sich empiristisch angelegt ist? Es *will* ja glauben, daß die Sinneswahrnehmungen stimmen.

Popper: Das halte ich nicht für richtig. Unser Gehirn ist nicht empirisch in dem Sinn, sondern unser Gehirn greift aus nach neuem Material, es saugt neue Informationen von der Umgebung ein. Es beschäftigt sich nicht damit, was es tut, sondern es tut etwas. Was dem Gehirn eingebaut ist, ist das Bedürfnis, neue Dinge zu entdecken. Wir sind alle als Entdecker angelegt, aber wir beschäftigen uns nicht damit, daß wir Entdecker sind. Das wäre ja nicht eine einfache Gehirnanlage, sondern eine komplizierte Reflexion.

Riedl: Wir sind sicher als Entdecker angelegt, aber unser Hirn scheint nicht daraufhin spezialisiert worden zu sein, Erkenntnistheorie zu betreiben, sondern zu überleben. Und das ist ungleich weniger, jedenfalls in der Diskussion dieses heutigen Vormittags. Als ich noch in Wien in einer vor-Popperschen Zeit zur Schule gegangen bin, hat man das, was ich hier mit »empirische Erfahrungen« bezeichnet habe, »Induktion« genannt, in der Erwartung, daß man, auf welche Weise immer, aus einer Fülle von Ereignissen sich ein allgemeines Bild machen könnte. Das steht eigentlich schon bei Goethe und hat die

Biologie sehr beeinflußt. Ich bringe dieses Thema hier nicht vor, um in irgendeiner Sache recht zu haben, sondern aus einer gewissen Sorge heraus, daß sich eine Anzahl von Wissenschaften ja als induktive Wissenschaften verstehen und unter Umständen ihren Boden verlieren könnten, wenn man sich hier nicht ganz versteht. Das gilt besonders für die Biologie, die ich zu vertreten habe, für die es wiederum sehr wichtig ist, ihren Boden nicht zu verlieren, weil es heute wegen der Umweltprobleme und vieler anderer so wichtig geworden ist und entscheidend, ob sie sich am rechten Weg befinde.

Popper: Ich möchte nochmals sagen: Der Name »induktive Wissenschaft« und die Induktion – das ist die Propaganda von Bacon. Das Wesentliche an der war, sich von der Theologie zu unterscheiden – zu zeigen, daß es da etwas gibt, das nicht wie Theologie vorgeht. Die, wurde gesagt, geht deduktiv vor, sie geht dogmatisch vor. Im Gegensatz dazu stellte er die andere Methode dar: die der Naturwissenschaft, nämlich die Baconische Induktion. So ist es zu diesem Mißverständnis gekommen, das ja nicht so schlimm, aber das halt ein bißchen oberflächlich ist. Man kann etwas tiefer gehen und sagen, hinter dieser sogenannten Induktion gibt es noch etwas Interessantes.

Es ist lächerlich, Metaphysik zu verbieten

Wallner: Sie haben mir das Stichwort gegeben mit der Induktion. Ich danke dafür, weil es doch zu einer Klärung führen kann, die wir vielleicht heute anstreben sollten. Es wird ja im deutschen Sprachraum noch immer behauptet, Sie, Herr Professor Popper, seien ein Positivist, was ich kurios finde. Und wenn man sich nun fragt, was Ihre Beziehung zum Wiener Kreis ist, so scheint mir, daß Sie denkbar weit vom Wiener Kreis entfernt sind. Ich muß nur ein paar Stichworte hier vorlegen, etwa: Sie entwickeln eine Metaphysik, Sie lassen Metaphysik wieder zu, was für einen Vertreter des Wiener Kreises etwas ganz Fürchterliches wäre. Sie haben aber auch andererseits zweifellos vom Wiener Kreis gelernt, wenn ich mir etwa überlege, was Sie über rationale Diskussion sagen, zum Unterschied zu einer überkommenen, überlieferten, traditionellen, spekulativ-idealistischen Philosophie. In diesem Sinne sind Sie ein Mitkämpfer des Wiener Kreises gewesen und sind es noch immer.

Etwas, was jedem, der Ihre Werke liest, auffällt, ist Ihre Beziehung zu Kant. Sie selbst haben mir gesagt, Sie sind Kantianer, und ich glaube, man kann auch in jedem Ihrer Werke Bezüge, Hinweise auf Kant finden. Dieser Bezug zu Kant äußert sich für mich am stärksten darin, daß Sie im Hinblick auf die Wissenschaft die These Kantens vertreten, daß die Struktur der Welt, wie sie die Wissenschaft zur Darstellung bringt, nicht *gegeben* sei, sondern *aufgegeben*. Das würde ich als Kern Ihrer wissenschaftstheoretischen Aussage auffassen. Andererseits kommen Sie zweifellos ja auch in einen Widerspruch zu Kant, wenn Sie die Metaphysik verteidigen, die metaphysischen Träume, was ein Kantianer wohl nicht zulassen würde.

Popper: Ich habe vielleicht nicht hinreichend betont, daß die Hauptaufgabe einer Abgrenzung zwischen Wissenschaft und Metaphysik ist, auch die Metaphysik freizusetzen. Man soll sagen können: Das ist ein interessantes Problem, leider ist es noch nicht wissenschaftlich, sondern metaphysisch. Vielleicht wird es eines Tages sogar wissenschaftlich werden, aber jedenfalls ist es jetzt noch nicht wissenschaftlich, kann aber doch besprochen werden.

Es ist lächerlich, zu verbieten, etwas zu sagen, was nicht zur Wissenschaft gehört. Das hat der Wiener Kreis versucht. Der Wiener Kreis hat große Verbotstafeln aufgestellt und gesagt: Du darfst nur Wissenschaft reden, alles andere ist Unsinn. Tatsache ist, daß wir sehr viel Nicht-Wissenschaft reden und reden können müssen – nur sollen wir das nicht für Wissenschaft ausgeben. Die Philosophen haben leider Gottes gewöhnlich von ihren metaphysischen Ideen so geredet, als ob sie sogar nicht nur eine Wissenschaft, sondern eine Über-Wissenschaft wären. Ich sehe diese metaphysischen Theorien eher als vor-wissenschaftlich an, jedenfalls nicht als prüfbar, wissenschaftlich kritisierbar. Und sobald man das gesagt hat, ist man frei, in der Metaphysik dann alle möglichen Dinge zu besprechen. Wer sich nicht dafür interessiert, soll weggehen. Das ist alles. Verbote braucht man nicht aufzustellen.

Was Kant betrifft: Ich glaube, daß Kant unrecht gehabt hat, wenn er gedacht hat, daß die apriorischen Wahrheiten, das heißt die Wahrheiten, die wir nicht aus unserer Erfahrung gewinnen, sicher und gegeben sind. Wir versuchen natürlich von apriorischen Wahrheiten zu sprechen; nur wissen wir nicht, ob sie wahr sind. Und das Nicht-Wissen ist etwas, was Kant unterschätzt hat. Er hat geglaubt, wir wissen mehr, als wir wirklich wissen. Er hat vollkommen recht gehabt, die euklidische Geometrie als apriori anzusehen, das heißt also, *nicht* aus der Erfahrung genommen, sondern als eine Konstruktion von uns anzusehen: Aber er hatte unrecht, wie wir jetzt wissen, zu glauben, daß da eine nicht übersteigbare Grenze gegeben ist. Mit anderen Worten: Kant war, obzwar ein großer Verehrer von Sokrates, nicht hinreichend Sokratiker. Er hat nicht genug gelernt gehabt, daß wir nichts wissen. Und das ist der Hauptpunkt, der mich von Kant trennt. Wir wissen viel weniger, als Kant geglaubt hat. (Er war von Newton verführt.)

Biologie in der Philosophie? – Warum nicht!

Wallner: Es wäre noch eine zusätzliche Frage zu stellen, ich weiß nicht, ob Sie darauf jetzt eingehen wollen. Man hört gelegentlich als Kritik gegenüber Ihrem metaphysischen Ansatz, daß dieser sich am sogenannten common sense orientiert und daß das doch letztlich eine biologistische Begründung sei.

Popper: Das macht ja nichts. (Heiterkeit im Auditorium.) Ich bin für Freiheit im Denken. Jeder soll sagen, was er als fruchtbar ansieht. Und Kritik soll nicht in allgemeinen Bemerkungen bestehen, wie zum Beispiel: Das ist ein biologistischer oder Was-weiß-ich-Gedankengang, sondern soll konkret sein, soll sagen: Warum ist das nicht akzeptierbar? Und diese konkrete Kritik ist sehr selten. Gewöhnlich findet man solche Kritik, wie zum Beipiel: Das ist dogmatisch. Was kann man damit anfangen? Man kann nur sagen: Bitte, mein Freund, kritisiere es! Darauf sagt er: Ich habe es ja kritisiert, ich habe es ja dogmatisch genannt. Das ist aber keine Kritik! Eine Kritik muß versuchen zu zeigen, warum eine Theorie oder eine Ansicht nicht akzeptabel ist, nämlich in ihrem Inhalt nicht akzeptabel ist. Dogmatisch ist ein Mensch, wenn er auf eine solche detaillierte Kritik nicht eingeht. Gewöhnlich sind die Kritiken, die man hört, vollkommen uninteressant. Das ist das Traurige. Eine interessante Kritik ist immer überaus begrüßenswert.

Darf man über den Urknall reden?

Kreuzer: Damit das Wort Metaphysik ein bißchen Fleisch bekommt: Die Urknalltheorie, die uns jetzt in der Populärwissenschaft sehr beschäftigt, ist eigentlich noch keine Theorie, sie ist strenggenommen noch immer Metaphysik?

Popper: Ja, und zwar deshalb, weil die sogenannte Hubble-Konstante eine Variable ist und jedes Jahr variabler wird.

Kreuzer: Ich habe gestern zufällig zwei Stunden lang mit dem großen österreichischen Kosmologen Thomas Gold im Studio gesprochen, der die »steady-state«-Theorie gegen die Urknalltheorie aufgestellt hat, und er ist der Meinung, beide Theorien, auch seine eigene, stimmen nicht: Wir müssen daran arbeiten, eine dritte, neue Theorie zu finden. Im Sinne dieser Kritik sind das alles metaphysische Forschungsanordnungen, noch nicht physikalische Theorien. Wäre es verboten, Metaphysik zu betreiben, dürfte man also über den Urknall nicht nachdenken. Ist das richtig?

Popper: Na ja, ungefähr so. (Heiterkeit im Auditorium.)

Ist Metaphysik falsifizierbar?

Weingartner: Ich will auf zwei Punkte eingehen, die einen Philosophen natürlich besonders interessieren: die Wahrheitsfrage und die Abgrenzung zwischen Metaphysik und Wissenschaft. Zur Wahrheitsfrage: Ich denke ja tatsächlich, daß Du, Karl, in Deinen Arbeiten zu diesem alten oder ich möchte sagen ewigen Problem der Metaphysik zwei ganz neue Gesichtspunkte gebracht hast. Und das ist ja gar nicht leicht, das ist nur wenigen vorbehalten, möchte ich sagen, zu ewigen Problemen der Philosophie neue Gesichtspunkte hinzuzufügen. Der eine Gesichtspunkt war ja der, daß Du immer betontest, daß es auch in der Wissenschaft nicht genügt, nur zu fragen, ob etwas wahr ist. Die Wissenschaft ist ja nicht daran interessiert, sehr viele singuläre Einzelwahrheiten nebeneinander zu haben, die man nicht in einen Zusammenhang bringen kann. Sie ist weiters nicht daran interessiert, uninteressante Wahrheiten zu erfahren. Zum Beispiel Wahrheiten wie X = X, eine Wahrheit, die in der Logik sehr interessant sein kann, die aber für die Erfahrungswissenschaften trivial und nichtssagend ist. Mit anderen Worten: Was Du eingeführt hast, war ja die Idee des empirischen Gehalts. Wann ist eine Aussage, eine erfahrungswissenschaftliche Aussage empirisch oder wann hat sie einen empirischen Informationsgehalt? Dann, wenn es eine Klasse von Testsätzen gibt, empirischen Testsätzen, die ihr widerspricht: Und wenn diese Klasse eben nicht leer ist, dann ist die Theorie falsifizierbar und hat einen Gehalt. Das war ja auch die Grundlage für das Abgrenzungskriterium.

Und das andere, was mir als bedeutsame Hinzufügung zur ganzen Wahrheitsfrage scheint, war das, daß Du eine Antwort versucht hast auf die Frage: Was tun wir, wenn wir der Meinung sind, alle zwei oder drei Alternativen, Hypothesen, die wir haben, sind wahrscheinlich falsch oder ziemlich sicher falsch? Gibt es eine Möglichkeit, objektiv zu sagen, daß eine besser ist als die andere? Das heißt, kann man eine methodologische Theorie aufstellen, die uns hilft, diejenigen Hypothesen, die der Wahrheit näher sind, von den schlechteren zu unterscheiden und die schlechteren damit auszusondern? Ich will jetzt auf diese Theorie der Wahrheitsnähe, weil sie vielleicht logisch zu kompliziert ist, nicht näher eingehen; es wird ja daran weiter gearbeitet.

Ich komme zurück zum Abgrenzungskriterium: Falsifizierbarkeit und empirischer Gehalt von Sätzen sind die Grundlage für die Unterscheidung von Metaphysik und Wissenschaft, das ist eine ganz andere Unterscheidung als die, die man im Wiener Kreis zwischen Sinn und Unsinn versucht hat. Sie besagt, daß die Sätze der Metaphysik eine ganz andere Beziehung zu Erfahrungssätzen haben als die Sätze der Wissenschaft.

Ich habe daran anschließend ein Problem: Beim Durchgehen gewisser metaphysischer Theorien in der Geschichte der Philosophie, jedenfalls solcher, die immer als genuine metaphysische Theorien vertreten worden sind, ist mit aufgefallen: Die besseren von ihnen haben tatsächlich empirische Konsequenzen. Ein Beispiel: die Parmenideische Theorie vom »Seienden« – »Das Seiende ist, das Nicht-Seiende ist nicht«. Geht man die Fragmente dieser Theorie durch, sieht man, daß er, weil er eine Homogenität des Universums vertritt, die Bewegung leugnen muß, und die Leugnung der Bewegung hat ja schon damals die Zeitgenossen aufgeregt, und sie haben gesagt: Das kann doch nicht stimmen!

So denke ich, daß das tatsächlich eine empirische Konsequenz ergibt, selbst wenn sich Parmenides aus der Schlinge zu ziehen versuchte mit der Ausrede, daß das nur in der Welt der Erscheinungen so wäre. Und so könnte ich noch einige andere Theorien aus dem Mittelalter – metaphysische – aufzählen, die empirische Konsequenzen hatten. Ich möchte provokativ die Meinung vertreten: Die besseren metaphysischen Theorien haben, wenn man sie vernünftig interpretiert – vielleicht auch manchmal im Lichte der neuen Wissenschaft interpretiert –, interessante empirische Konsequenzen und sind deswegen überprüfbar und falsifizierbar.

Ein Beitrag zum »Festival der Phantasie«

Popper: Ja, wir stimmen da vollkommen überein. Was den Parmenides betrifft, habe ich gesagt, die empirische Widerlegung des Parmenides hat zur ersten empirischen Theorie der Materie geführt, nämlich zur Atomtheorie. Ich habe das auch in verschiedenen, zum Teil unveröffentlichten Arbeiten ausgeführt. Das Parmenideische Argument kann man benützen, um den Schluß des Parmenides, den Schlußsatz – »Es gibt keine Bewegung« – zu widerlegen und das ganze Argument sozusagen auftrennen wie einen Reißverschluß, um zu zeigen, daß es Nicht-Existierendes im Parmenideischen Sinn gibt, daß es nämlich leeren Raum gibt und daß dieser leere Raum voller Atome ist. Das ist, was Leukipp und Demokrit offenbar getan haben. Ich bin ganz Deiner Ansicht, daß unter Umständen eine metaphysische Theorie aufgegriffen werden und widerlegt werden kann. Aber die Widerlegung so einer Theorie macht sie dann eben empirisch.

Kreuzer: Da ist doch der verbindende Gedankengang, daß man die Metaphysik und die früheren Hypothesen und Theorien nicht einfach als Müll über die Kante unserer Wissenschaft kippen darf, sondern daß sie uns zeigen, welchen Wert Hypothesen, auch wenn sie noch metaphysischer Art sind, für die Wissenschaft haben können.

Popper: Das wertvollste Besitztum der Menschen sind Ideen. Wir haben nie genug Ideen. Woran wir leiden, ist Ideenarmut. Und Ideen sind ein wertvoller Besitz, daher soll man die

Metaphysik mit Respekt behandeln und diskutieren – vielleicht kommt aus ihren Ideen etwas heraus. Natürlich – das ist das Problem: Wir haben erstens zu wenig Ideen, und zweitens kommt bei ihrer Diskussion gewöhnlich zu wenig heraus. Weil wir zu wenig Ideen für die Kritik der Ideen haben. Die Kritik selbst braucht immer wieder neue kritische Ideen.

Kreuzer: In diesem Sinne können wir unser Symposium in das »Festival der Phantasie« einbeziehen, im Sinne der eben stattfindenden Wiener Festwochen. Ich danke Ihnen.

2. Tag: Die drei Welten

(Karl R. Popper, Irene Papadaki, Franz Seitelberger, Marianne Fillenz, Gerhard Vollmer)

Popper: Die Wirklichkeit der drei Welten ist unser heutiges Thema und insbesondere die Wirklichkeit der Welt Drei. Darin steckt das Leib-Seele-Problem, das vielleicht größte, älteste und schwierigste Problem der Metaphysik. Weiter geht es um das Problem der Beziehung zwischen den drei Welten und der Offenheit der drei Welten zueinander. Diese drei Welten gehören nicht der Wissenschaft im Sinne der Naturwissenschaft an. Sie gehören zu einem Bereich, den man irgendwie anders benennen muß, sagen wir zur Metaphysik. Auf die Worte kommt es nicht an. Das heißt, daß die Diskussion dieser Probleme unter der Sicht der drei Welten von vornherein darauf verzichtet, irgendwelche wissenschaftlichen Ansprüche zu machen. Ich habe Ihnen gestern gesagt, daß die Abgrenzung zwischen Wissenschaft und Metaphysik unter anderem die Funktion hat, uns zu erlauben, über Metaphysik zu reden, ohne solche wissenschaftlichen Ansprüche zu stellen.

Welt der Dinge, Welt der Sätze – dazwischen das Ich

Ich beginne sofort mit dem Problem der Welten Eins, Zwei und Drei. Das ist eine vorläufige Terminologie. Viele Philosophen haben sich entsetzlich darüber aufgeregt, aber es ist etwas ganz Einfaches und braucht gar nicht mit irgendeiner philosophischen Theorie direkt in Verbindung gebracht zu werden. Mit der Welt Eins meine ich die Welt von Gläsern, Instrumenten, Brillen, Personen, Tischen und so weiter: die physikalische Welt. Mit der Welt Zwei meine ich die Welt unserer Erlebnisse. Hier wird es schon kritisch: Viele Philosophen glauben, daß die bloße Unterscheidung von Welt Eins und Welt Zwei tiefe, düstere Bedeutung hat, daß damit reaktionäre Ideen verbunden sind. Es gibt insbesondere Philosophen, die behaupten, daß die Welt Eins und die Welt Zwei in jeder Weise identisch sind. Sie sagen also: Das, was Sie jetzt eben von mir hören – sagen wir das Gefühl der Langeweile, während Sie mir zuhören –, das ist eigentlich identisch mit Ihrem Haar oder mit Ihren Fingernägeln: In irgendeiner Weise, die ich nicht vorwegnehmen will, ist da eine Identität. Das mag sein, vielleicht ist es so. Ich will dagegen gar nichts gesagt haben. Aber die Unterscheidung von Welt Eins und Welt Zwei ist trotzdem nötig – wenn auch nur, um zu sagen, daß die zwei Bereiche identisch sind oder daß sie es nicht sind. Wenn man die Unterscheidung nicht macht, ist von einer Identität eigentlich keine Rede. Wenn man sagt: Zwei Dinge sind identisch, das heißt da: Sie sind eines. Aber um von den zwei Sachen zu sagen, daß sie eigentlich eines sind, muß man sie zunächst irgendwie unterscheiden. Es ist also keine tiefe Verschwörung in meiner Philosophie, wenn ich die Welt Eins und die Welt Zwei unterscheide.

Anders steht es mit der Welt Drei. Unter der Welt Drei verstehe ich die Welt der Produkte des menschlichen Geistes. Und hier liegt eine Schwierigkeit vor. Meiner Meinung nach ist es sehr wichtig, vielleicht sogar das Wichtigste, daß das Zentrum der Welt Drei die menschliche Sprache mit ihren besonderen Charakteristiken ist: die menschliche Sprache mit Sätzen, die wahr oder falsch sein können. Das ist, was ich mit der Welt Drei hauptsächlich meine. Aus dieser menschlichen Sprache hat sich die menschliche Kultur entwickelt, und so sind Symphonien, Bücher, Bilder, Flaschen entstanden, alles Produkte der menschlichen Tätigkeit ... Sehr wichtige Produkte sind die Flugzeuge. Die ganze Organisation eines Fluges gehört zu den besonders wichtigen Produkten des menschlichen Geistes. Kein einzelner Mensch »weiß« alle diese organisatorischen und Sicherheitsmaßnahmen. Niemand überblickt sie. Aber sie sind offenbar unser geistiges Produkt. Diese Produkte gehören *zum Teil* der Welt Eins an. Dieses Glas hier ist ein Teil der Welt Eins. Insoferne als es ein Produkt des menschlichen Geistes ist – es ist vielleicht nicht *sehr* viel Geist drin, aber doch ein bißchen –, gehört es aber nicht nur der Welt Eins an, sondern auch der Welt Drei. Ein Buch, das ist etwas anderes. Ein Buch, insoferne als es schwer ist, ein physischer Körper ist, gehört der Welt Eins an, und insoferne als es einen Inhalt hat, einen sprachlichen Inhalt hat, gehört es der Welt Drei an. Ich glaube nicht, daß es hier sehr große Schwierigkeiten gibt.

Die Welt Drei ist nicht meine Erfindung. Ich selbst bin zuerst zur Welt Drei in den Werken des österreichischen Philosophen Bolzano gekommen; ein katholischer Geistlicher, der in der heutigen Tschechoslowakei aufgewachsen ist – ein ganz großer Philosoph. Bolzano hat von »Sätzen an sich« gesprochen, und dabei hat er nicht nur Sätze gemeint, die niedergeschrieben, also, als Welt-Eins-Bestandteile, auf Papier stehen, sondern er hat bei den »Sätzen an sich« den *Inhalt* gemeint, den Inhalt der Sätze, den wir durch ein Welt-Zwei-Erlebnis, also ein psychologisches Erlebnis, erfassen können. Wir haben also nach Bolzano eine Welt Eins – das sind die Schriftstücke; wir haben eine Welt Zwei – das sind unsere Erlebnisse, wenn wir diese Schriftstücke lesen; und wir haben eine Welt Drei – das sind die Inhalte dessen, was wir lesen, vor allem die Inhalte der Sätze.

Die Theorie der Welt Drei ist recht alt. Ich habe Irene Papadaki gebeten, uns einen Bericht über die altgriechische Vorgeschichte der Dreiweltentheorie zu geben. Denn die Welt Drei und ihre griechische Vorgeschichte sind das Thema ihrer Dissertation sowie auch eines Seminars, das sie leitet. Sie würde natürlich lieber griechisch sprechen, aber sie hat einen kurzen deutschen Abriß über dieses Thema vorbereitet.

Von den Stoikern zu Popper

Papadaki: Platons Welt der Ideen oder Formen ist ein Reich von ewigen, wahren, immateriellen Dingen. Sie sind begriffliche Entitäten; sind objektiv: *nicht* Vorstellungen in unserem Geist, auch *nicht* Vorstellungen Gottes. Sie gehören auch *nicht* der Sprache an, obwohl sie sozusagen verdinglichte, aber immaterielle Begriffe sind. Sie sind eben Ideen wie Gerechtigkeit oder Schönheit. Sie existieren *vor* der Schöpfung der materiellen Welt. Platon betrachtet sie als Urtypen: als Modelle der Struktur der Welt. Er verwendet sie, um die Struktur und die Genese der Welt zu erklären. Sie spielen auch eine Rolle in Platons Geschichtstheorie. Man sieht sehr klar, daß diese Welt der Platonischen Ideen von Poppers Welt Drei sehr verschieden ist. Ihre Analogie mit der Welt Drei besteht im wesentlichen nur darin, daß sie einer abstrakten Welt angehören, die zu den beiden konkreten Welten, der Welt Eins und der Welt Zwei, *dazukommt.* Ein wichtiger Unterschied ist, daß Poppers Welt Drei aufs engste mit der menschlichen Sprache zusammenhängt. Ganz im Gegensatz zu Platons Welt der Ideen ist die Welt Drei ein menschliches Produkt; und sie *entwickelt* sich in Wechselwirkung mit dem menschlichen Geist.

Platons Ideenlehre wurde von Aristoteles kritisiert, insbesondere wegen ihres außer-empirischen Charakters. Aristoteles versuchte die logischen Schwierigkeiten der Ideenlehre zu vermeiden. Das führte ihn dazu, sein erkenntnistheoretisches Interesse auf die Welt Zwei zu konzentrieren und damit einen Subjektivismus in die Erkenntnistheorie einzuführen. Das Wissen war für ihn ein Zustand des Subjekts – eine Art Union des wissenden Subjekts mit dem gewußten Objekt, im schärfsten Gegensatz zu Poppers Theorie des objektiven Wissens. Aristoteles ist also der Vater der subjektivistischen Richtung in der Erkenntnistheorie, die bis zu Bolzano fast alleinherrschend war.

Eine ganz andere Reaktion auf Platons Ideenlehre und eine Richtung, eine Theorie, die mehr mit Bolzano, Frege und Popper übereinstimmt, kann in der Lehre der stoischen Schule der Philosophie gefunden werden, im hellenistischen Zeitalter. Die Schwierigkeit mit dieser stoischen Theorie liegt darin, daß nur fragwürdige Berichte über die Autoren und nur wenige und meistens fragmentarische Zitate von den Autoren selbst erhalten sind. Unser Wissen über diese Lehre der Stoiker kommt sogar zum großen Teil aus Berichten ihrer philosophischen Gegner – und die philosophische Gegnerschaft war damals fast so bitter wie heute. Soweit wir die stoische Lehre rekonstruieren können, finden wir eine sehr interessante, subtile und geistreiche Theorie: die Theorie einer *objektiven Erkenntnis*. Die Stoiker scheinen zwischen einer subjektiven und einer objektiven Erkenntnis unterschieden zu haben; und – was wichtig ist – sie haben die objektive Erkenntnis ganz realistisch als eine sprachgebundene, von Menschen erschaffene Erkenntnis erfaßt. Darüber hinaus betonen sie die Wichtigkeit der *Sätze* oder *Aussagen*, im Gegensatz zu den Begriffen. Das führt sie dazu, eine sehr originelle Aussagen-Logik zu entwickeln. Was Bolzano die »Sätze an sich« nennt und Frege den Gedanken oder den Inhalt der Sätze, das nannten die Stoiker das *Lekton*. (Das ist ein altgriechisches Wort – Heinrich Gomperz übersetzte »Lekton« mit »Aussageinhalt«.)

Die Ähnlichkeit der stoischen Lehre mit der Lehre Poppers ist schlagend. Aber es gibt natürlich Unterschiede. Was wir zum Beispiel in der stoischen Lehre – soweit wir sie rekonstruieren können – nicht explizit finden, ist der Evolutionscharakter der Welt Drei und insbesondere die Idee der starken Wechselwirkung zwischen den drei Welten. Aber indirekt und sogar im Bezug auf ihre Kosmologie und Anthropologie könnte man auf eine Lehre vom Wachstum des Wissens schließen. Die Stoiker betonen sogar die große Wichtigkeit der Attribute »wahr«

und »falsch«, und sie erklären, daß die Attribute »wahr« und »falsch« nicht auf Bewußtseinsvorgänge anwendbar sind, sondern nur auf sprachliche Aussagen. – Die berühmte Logos-Lehre von Heraklit kann, wie ich vermute, auch im Sinne einer Welt-Drei-Lehre verstanden werden. Heraklit war sich der Bedeutung der menschlichen Sprache für die Naturgesetzlichkeit der Welt bewußt. Sicher ist, daß er den problematischen Charakter jedes Wahrheitsanspruches klar erkannt hat und daß er damit das *Wahrheitsproblem* in den Mittelpunkt des Problems der Erkenntnis rückte. Das führte ihn als ersten dazu, der Sinneswahrnehmung zu mißtrauen und zu betonen, daß wir aktive Sucher sein müssen, wenn wir finden wollen. Sein Text zeigt die gegensätzlichen Möglichkeiten, die in der Deutung der Sprache liegen, und die Mehrdeutigkeit der Sprache und damit das Problematische in jeder Sprache und die Notwendigkeit, uns vor den Möglichkeiten der Sprache in acht zu nehmen: Unsere Beziehung zur Sprache muß eine wachsame, eine aktive, eine forschende Beziehung sein.

Popper: Frau Papadaki hat vor allem auf die stoische Lehre hingewiesen, die so viele Ähnlichkeiten mit meiner Theorie der Welt Drei hat. Man muß also wohl sagen, daß an meiner Theorie nur wenig Neues ist. Das einzige vielleicht wirklich Neue an meiner Theorie ist, daß ich sie mit dem Darwinismus in Verbindung gebracht habe. Das heißt, ich sehe in der Darwinischen Evolution des Menschen ein gewisses Stadium als entscheidend an, nämlich die Erfindung der menschlichen Sprache, die eben schon in gewissem Sinn von den Stoikern beschrieben wurde – nicht als Darwinische Erfindung, sondern einfach als etwas Neues in der Welt. Das »Lekton« ist das, was die Sprache beschreibt – also der Aussageinhalt, wie es Gomperz genannt hat. Nun, warum nenne ich diesen *Aussageinhalt* den Kern der Kultur, den Kern der Welt Drei? Ich glaube, daß in der menschlichen Entwicklung Werkzeuge sehr wichtig sind, aber das einzige Werkzeug, das uns angeboren ist, ist nicht vielleicht der Stock, wie man eine Zeitlang geglaubt hat, als alle Männer Stöcke getragen haben, sondern das ist eben die *Sprache*. Sie ist ungeheuer wichtig für unsere Persönlichkeit, für die Welt Zwei, für unser geistiges Leben. Aber sie ist etwas Objektives, wie ein Instrument, wie ein Werkzeug. Sie ist etwas Objektives; und als solches begründet sie das, was ich Welt Drei nenne, nämlich *die Welt der objektiven Produkte des menschlichen Geistes*.

Das Verhältnis zwischen unseren Erlebnissen und unserem Körper, vor allem unserem Gehirn, ist im Deutschen bekannt als das Leib-Seele-Problem. Es ist ein ungeheuer schwieriges Problem. Ich habe mit meinem Freund Eccles ein Buch geschrieben. In diesem Buch sage ich am Anfang ganz klar: Das Buch bietet keine Lösung des Leib-Seele-Problems, ich zweifle, ob es eine Lösung dieses Problems gibt. Ich biete keine Lösung an, das sage ich ausdrücklich. Viele Leute haben nicht gesehen, daß das dort steht, und dann haben sie entdeckt: Das Buch enthält keine Lösung des Leib-Seele-Problems! Natürlich nicht. Aber es ändert das Leib-Seele-Problem ein wenig. Und zwar dadurch, daß es diese Welt Drei hineinbringt. Meine These ist, daß unser menschlicher Geist sich nicht nur *in Wechselwirkung mit dem Gehirn* befindet, sondern *in Wechselwirkung mit seinen Produkten* – vor allem mit der Sprache. Indem wir sprechen lernen, lernen wir auch, unsere Seele zu ändern, wir lernen vor allem, daß wir ein Ich sind, dadurch, daß wir mit anderen Ichs sprechen. In der Wechselwirkung, in der Interaktion mit anderen Menschen und mit der Sprache, darin liegt, wie ich versucht habe zu zeigen, ein Teil des spezifisch menschlichen Bewußtseins, im Gegensatz zum tierischen Bewußtsein.

Das Hirn – eine Hypothese, die Hypothesen produziert

Seitelberger: Es war gestern davon die Rede, daß man den Lebensprozeß als ein aktives Vorbringen von Hypothesen über das Verhalten in der Welt auffassen kann, von Hypothesen, die sich bewähren oder die widerlegt werden und auf diese Weise die Evolution in Gang halten. Dieses hypothetische Verhalten wird von den höheren Lebewesen durch das Gehirn gesteuert und man kann in dieser Hinsicht sagen, daß das Gehirn eine evolutionär erworbene Theorie der Natur ist. Die Besonderheit beziehungsweise Einmaligkeit des menschlichen Gehirns besteht nun darin, daß es nicht nur eine an die Natur gerichtete Theorie oder Hypothese ist, durch sein bloßes So-Sein und Wirken, sondern daß es selbst Hypothesen und Theorien in die Welt setzt, aktiv produziert und aktualisiert. Diese entscheidende Hirnfunktion hat zwar bestimmte Voraussetzungen in der Evolution, sie erfolgt aber nicht mehr in einem biologischen, sondern in einem kulturellen Prozeß, eben in der Popperschen Welt Drei. Im folgenden möchte ich zur Dreiwelten-Theorie vom Standpunkt der Hirnforschung Stellung nehmen und insbesondere die neurobiologischen Voraussetzungen der Welt Drei, der Welt der geistigen Produkte, diskutieren.

Bei der wissenschaftlichen Beschreibung des Gehirns muß davon ausgegangen werden, daß es sich um ein unteilbares Organ handelt, dessen Gesamtfunktion in die reale Existenz des Individuums integriert ist. Mit anderen Worten, man darf den Menschen nicht nur auf sein Gehirn, auch wenn es sein menschlichstes Organ ist, reduzieren. Wir müssen andererseits aber analytisch am Gehirn drei verschiedene Ebenen unterscheiden und mit verschiedenen Methoden untersuchen. Zunächst das Organ Gehirn: Es hat natürlich eine Evolution, und zwar eine überaus bemerkenswerte Entwicklung und eine komplizierte Anatomie, also physikalische und chemische Daten seines Bestehens und Lebens. Sie entsprechen im wesentlichen denen anderer Körperorgane, haben aber gewisse Besonderheiten. Zur Funktionsstruktur des Gehirns: Die Beziehung zwischen Funktion und Struktur im Gehirn entspricht der Art eines Systems, eines Systems im technischen Sinn, das heißt einer zu einer Funktionseinheit verschalteten Mannigfaltigkeit von Teilen, das der Informationsverarbeitung zur Steuerung des Verhaltens dient. Die eigentliche Funktion dieses Systems, das von organischen Tätigkeiten getragen wird, liegt aber in den Informationsverarbeitungsprogrammen, das heißt in den raumzeitlichen dynamischen Mustern von nervösen Erregungen. Diese Informationsverarbeitungsprogramme können gut mit der »software« eines Datenverarbeitungssystems technischer Art verglichen werden. Man darf aber das Gehirn nicht auf einen Computer reduzieren. In dieser Hinsicht sind die Gehirnprozesse daher nicht Welt-Eins-Objekte, sondern besitzen eine funktionale Realität, eben die der Information. Ein geringer Teil dieser Prozesse ist begleitet vom Bewußtsein, genauer, gewisse Resultate der Informationsverarbeitung im Gehirn kommen zum Bewußtsein: Wahrnehmungen, Gefühle, Bestrebungen. Das Bewußtsein aus dieser Sicht ist eine subjektive Innenseite, eine Innerung unseres Verhaltens. Es besitzt keine substantielle Realität, sondern es handelt sich um eine Qualität der Gehirnarbeit, die auf einer bestimmten Komplexitätsstufe des Gehirnorgans auftritt.

Die Beziehungen von Gehirn und Bewußtsein, also das Leib-Seele-Problem, möchte ich hier nur aus dem einen Aspekt behandeln, daß es zwischen den subjektiven Bewußtseinsphänomenen und der materiellen Gehirnarbeit keine kausalen oder Identitätsbeziehungen gibt: Es besteht vielmehr eine Interdependenz und Komplementarität. Das Bewußtsein liefert uns aufgrund einer Auswahl, deren Kriterien uns nicht bekannt sind, einen für das Individuum relevanten Weltbericht, in dem Objekte, Orte und Ereignisse die entscheidende Rolle spielen. In der geschilderten Art kommt das Bewußtsein den Menschen und auch den Tieren, zumindest den höheren Tieren zu. Für die höheren menschlichen Hirnleistungen aber genügt dieses Bewußtsein nicht: Sie setzen ein anderes Funktionsniveau voraus, nämlich eine Reflexionsstufe, die wir als Selbstbewußtsein bezeichnen. Um Selbstbewußtsein kurz zu charakterisieren, kann man sagen, es handelt sich um die innere Wahrnehmung des Lebewesens nicht nur *in* seiner Welt, die würde dem Bewußtsein entsprechen, sondern auch *gegenüber* der Welt. Im Selbstbewußtsein erfährt man die Welt und dazu sich selbst als ein Objekt der Welt und ist sich zugleich der subjektiven Erfahrungsweise und der eigenen Existenz bewußt: also eine doppelte Reflexion, ein *dualer Erfahrungsmodus* der einen ungeteilten Existenz des Individuums. Diese duale Erfahrung des Selbstbewußtseins hat natürlich *evolutionäre Bedingungen*, einmal in der Komplexität des Gehirns, insbesondere in der Entwicklung der Großhirnrinde, und funktionsmäßige Voraussetzungen: etwa der weite und komplette Erfahrungshorizont des Menschen, der nicht nur die gesamte Umwelt, soweit sie uns durch die Sinne vermittelt wird, umfaßt, sondern auch unsere Eigenwelt einschließlich der Triebregungen, die damit auch der Verhaltenskontrolle unterworfen werden. Es ist ferner die Gegenstandswahrnehmung und in Verbindung mit ihr die Möglichkeit, vermittels des entwickelten Zeitsinns Verläufe von Prozessen in der realen Welt zu registrieren: dazu weiters die unerhörte Erhöhung der Lernfähigkeit im Sinn der Einverleibung von Wirklichkeitsstrukturen und ihre Verfügbarkeit für das Verhalten in Verbindung mit dem Gedächtnis. Diese Reproduktionsfähigkeit von flüchtigen Erlebnisspuren ist auch die Voraussetzung der zeitlichen Identität, der Geschichtlichkeit der menschlichen Person. Die Perfektion der Gegenstandswahrnehmung bezieht sich auch auf den eigenen Körper, dessen Repräsentation im Körperschema unglaublich genau und komplett ist, wobei besonders die Schmerzerfahrung ein wichtiges Moment für den individuellen Selbstbezug darstellt.

Zu den Funktionsprodukten des Gehirns: Der Leistungspotenz des Menschengehirns entspricht eine besondere Klasse von Leistungsprodukten. Durch die Steigerung der Hirnleistung ist es nämlich möglich, und das ist das Entscheidende, nicht nur passende *Realmodelle* als Hypothesen über Welt zu entwickeln, sondern auch Modelle möglicher Realität, also *Modell-Objekte*. Hier wird auf einmal aus der Reproduktion und Nachbildung der Welt eine Kreation von möglicher Welt, im Sinn des Vermögens der Vorstellungskraft, einschließlich der Projektion möglicher, gewünschter oder erwarteter, eventuell befürchteter Verläufe von Realsituationen in die Zukunft. Diese Vorstellungskraft nun ist engstens verbunden mit der Sprache, genauer mit der Sprachfähigkeit, die unser Gehirn besitzt, womit es möglich war, in der menschlichen Geschichte Sprechen zu erlernen. Sprechen bedeutet, daß die komplexen vorher geschilderten Informationsverarbeitungsprodukte, etwa das Erregungsmuster eines Objektes, eines Ereignisses, einer bestimmten örtlichen Situation, daß diese Produkte nun eine völlig neue Kodierung über der komplexen neurophysiologischen Signalkodierung erhalten, in denen diese Komplexe unglaublich vereinfacht, simplifiziert werden, aber gleichzeitig für ganze Objektgruppen im Sinn symbolischer Repräsentation eintreten können. Erst damit ist Denken, Planen, Handeln und das Gedächtnis in der menschlichen Perfektion möglich; weiters auch die *Realisation* von sprachlich formulierten Vorstellungsgebilden im Sinn der Erzeugung von Werkzeugen oder Produkten der Technik.

Dieser Welt der sprachlich markierten Gehirnleistungsprodukte entspricht die Welt Drei, das heißt die Summe und die Ordnung der externalisierten, autonomen Wirklichkeitsäquivalente aus der Gehirnproduktion, die von ihrem Trägerorgan entkoppelt eine eigene Realitätsschicht bilden, und zwar eine Schicht von funktionaler *metaorganischer* Realität, die völlig eigene Organisationen formiert und eigene Entwicklungslinien aufweist, die insgesamt das ausmachen, was wir als Kultur bezeichnen. Es ist wie gesagt eine Realitätsform funktionaler Art, jedoch mit vielerlei Realisationspotenzen. Die Welt-Drei-Objekte können sein Gedanken im Bewußtsein, von Gehirnprozessen getragen, von Großhirnmodulen bearbeitet; ihre Summe beziehungsweise ihre autonomen Konstrukte bilden das, was man im strengeren Sinn als *Erkenntnis* zu bezeichnen hat. Sie realisieren sich aber auch in Institutionen, in Artefakten, in

Ordnungen aller Art, in Kunstwerken, Musik, Büchern und in den Produkten der Technik, die wieder eine zweite reale Natur aus Welt-Drei-Konzepten schaffen, jene Sekundärnatur, die uns derzeit hauptsächlich zu schaffen macht. Für die Gestaltungsprozesse der Kultur ist die Evolution nicht mehr maßgebend, zumindest nicht in geschichtlichen Zeiten, sie sind von der Evolution abgehoben: Kultur ist ein postevolutionäres Produkt, deren Verlaufsweise die Geschichte ist, die zwar mancherlei Parallelen zum biologischen Evolutionsprozeß besitzt, aber von ihm doch in kritischer Weise unterschieden werden muß.

Hirn macht Sprache, Sprache macht Hirn

Kreuzer: Vielleicht zum Aspekt der Überlappung der beiden Evolutionen: Eine der wichtigsten Vermutungen der Drei-Welten-Theorie zielt ja darauf, daß sich das menschliche Hirn die Anfänge der Sprache gemacht hat, daß aber die Sprache in ihren Anfängen dann eigentlich erst das Hirn des Homo sapiens gemacht hat, also daß hier eine Rückwirkung stattgefunden hat, und zwar eine äußerst schnelle, in einer ganz kurzen Abfolge von wenigen Jahrzehntausenden.

Seitelberger: Ein ganz entscheidender Vorgang der Evolution, den ich hier nicht behandelt habe, ist der, daß mit der Aufrichtung des Körpers, zu einem Zeitpunkt, wo das Gehirn noch sehr klein war, die Hand und der Mund freigesetzt wurden von den bisherigen Aufgaben der Fortbewegung und des Fressens, der Beschäftigung mit der Beute. Dadurch sind unglaubliche Aktionsmöglichkeiten freigesetzt worden, die einen, wie die Evolutionisten sagen, kolossalen *Selektionsdruck* geschaffen haben. Weil von der Hand die Rede war, so möchte ich die ganz entscheidende Bedeutung der Hand für das Erkennen betonen – es spiegelt sich ja im deutschen Wort »begreifen« wider. Kant hat in sehr tiefsinniger Weise die Hand als das »äußere Denken« bezeichnet. Ich glaube, besser kann man das nicht charakterisieren. Und der Mund wurde natürlich frei für die Kommunikation, die emotionelle Kommunikation mittels des Ausdrucks, und schließlich für die Sprache. Und die Sprache als Verständigung über Realität – nicht als Warnrufe, Interjektionen, emotionale Kontakte, wie in der Sprache der Tiere, sondern über Realitätssituationen, über die dann auch argumentiert werden kann.

Nicht Substanzen, sondern Wechselwirkungen

Popper: Mich interessiert vor allem, wo unsere Unterschiede liegen. Ich möchte zunächst zeigen, daß sie sicher nicht im Substantiellen liegen, daß das Bewußtsein keinen substantiellen Charakter hat. Ich habe das immer sehr betont, ja ich habe geradezu betont, daß die moderne Physik uns gelehrt hat, daß auch die Materie keinen substantiellen Charakter hat. Die ganze Idee der Substanz ist durch die Entwicklung der modernen Physik mehr oder weniger in nichts zerflossen. Ein Feld hat keine Substanz, ein Feld besteht aus gerichteten abstrakten Kräften: An jedem Punkt des Feldes ist eine solche Kraft. Nun, schon der Kraftbegriff, den ja Newton eingeführt hat, wurde von den Materialisten als ein okkulter Begriff abgelehnt. Mit Recht, denn er ist kein materieller Begriff mehr. Alles das hat sich mehr und mehr verflüchtigt. Einstein hat von »Gespensterfeldern« gesprochen, und es gibt hier in Wien Experimente über Neutronen, in denen diese Gespensterfelder festgestellt wurden: Wenn sich das weiter überprüfen läßt, dann gibt es »Gespensterfelder«, die wirklich sind, das heißt nur dadurch in Erscheinung treten können, daß sie mit anderen »Gespensterfeldern« Interferenzen bilden.

Ich möchte also betonen: Ich bin kein Vertreter irgendeines Substanzbegriffes, nicht einmal in der Physik und schon gar nicht im Bewußtseinsgebiet, in der Psychologie. Ich verstehe sehr gut, daß Sie die Wechselwirkung nicht mögen, weil sie von Leuten eingeführt wurde, die einen substantiellen Begriff des Körpers hatten und einen substantiellen Begriff der Seele. Das alte Leib-Seele-Problem war an die Idee von *Substanzen* gebunden. Aber die Theorie der Substanzen hat sich verflüchtigt. Was sich, glaube ich, noch nicht verflüchtigt hat und was man eben ganz bescheiden als ein großes Problem hinstellen muß, ist: daß ich, wenn ich will, Bewegungen machen kann, daß also mein Wille irgendwie einen Einfluß über meine Nerven auf meine Muskeln hat; und das ist ein Problem. Es gibt unter den Philosophen sogenannte Identitätsphilosophen, die einfach sagen, da ist kein Problem. Das halte ich für eine Unbescheidenheit. Man kann nicht dadurch, daß man sagt: Na ja, die Dinge sind identisch, ein Problem lösen. Das ist alles, was ich zu diesem Punkt wirklich sagen kann. Ich halte fest: Wenn ich von Wechselwirkungen spreche, meine ich ein offenes Problem, nicht eine Lösung.

Das Bewußtsein der Tiere

Fillenz: Karl Popper sagt, daß die gewaltsame natürliche Auslese von der gewaltlosen Auslese der Hypothesen ersetzt wird und ich zitiere: »Wir können unsere Theorien an unser Statt sterben lassen.« Leider teile ich seinen Optimismus nicht ganz. Die Auslese der Hypothesen kann noch gewaltsamer und blutiger sein als die natürliche Auslese des Darwinismus. Ich will aber nicht auf das morgige Thema vorgreifen, sondern wende mich dem Problem des Bewußtseins und des Dualismus zu, welches ein zentrales Problem der Gehirnforschung und der Philosophie ist. Und ich möchte an Karl Popper Fragen stellen.

Da ist einmal die Frage, ob das Bewußtsein ein rein menschliches Phänomen ist, etwas, das mit den Erscheinungen des Menschen in der Evolution verbunden ist oder das man schon in vormenschlichen Stadien bei den Tieren erkennen kann. Die elektrischen Hirn-Phänomene sieht man auch bei Tieren und nicht nur bei Menschen. Also können wir daraus folgern, daß es auch ein tierisches Bewußtsein gibt. Tiere zeigen klare Zeichen von Erwartung und Enttäuschung, die zu ganz spezifischen Verhaltensweisen führen. Erwartung aber heißt: Modell bauen; denn es erfordert ein Bild oder einen Begriff, der gegenwärtig ist, wenn das Objekt dieses Bildes noch nicht gegenwärtig ist. Gestern wurde erwähnt, daß Modellbauen eine menschliche Aktivität ist, eine Vorbedingung für die Problemstellung Wahrheit – Lüge; und daß das bei Tieren nicht vorkommt. Also scheint es, daß Modellbauen und Lügen nicht unbedingt verbunden ist und daß Modellbauen eben schon bei Tieren auch vorkommt.

Eine zweite Frage ist, inwieweit die Erklärung des tierischen Verhaltens ohne Zuflucht zu einem Begriff des tierischen Bewußtseins möglich ist. Und die Antwort auf diese Frage ist genau dieselbe für die Tiere wie für die Menschen, denn wir haben keinen direkten Zutritt zu dem Bewußtsein anderer Menschen als uns selbst, genausowenig wie wir einen direkten Zutritt haben zum Bewußtsein der Tiere. Der Beweis der Realität des menschlichen Bewußtseins sind die Produkte dieses Bewußtseins, nämlich die Welt Drei. Es gibt analoge Produkte in der Tierwelt: Der Vogelgesang hat zum Beispiel auch Form und Struktur und vielleicht eine ähnliche Bedeutung.

Kreuzer: Das Thema ist im Gespräch mit Konrad Lorenz unter dem Stichwort »Der Unterschied zwischen dem Gockel-Ich und dem menschlichen Ich« schon einmal behandelt worden. Aber vielleicht kommen wir noch ein Stück weiter.

Popper: Jedenfalls habe ich es auch in diesem Buch »Das Ich und sein Gehirn« abgehandelt. Eine meiner Auseinandersetzungen mit Jack Eccles war, daß ich ihn mit vieler Mühe davon überzeugt habe, daß es gute Gründe gibt für die Hypothese, daß die Tiere ein ähnliches Bewußtsein haben wie wir. Was Du mit »Erwartung« und »Modellbauen« gesagt hast, das ist genau das, was ich »Theorieproduktion« nenne. Ob es jetzt »Modell«

genannt wird oder »Theorie«, ist unwichtig. Ich gehe so weit, daß ich sage, daß unsere Organe Theorien sind. Unsere Augen sind Theorien, auf Grund deren wir erwarten, daß uns die Welt weiter Lichtsignale schicken wird, die es der Mühe wert machen, daß wir diese Theorien entwickelt haben – vor langer Zeit, vermutlich, als wir noch Fische waren. In unseren Organen antizipieren wir Teile der Welt und gehen ein Risiko ein. Wir »investieren« sozusagen in unsere Organe. Erwartungen gehören zum Leben. Zum Leben gehört, daß wir Erwartungen haben, daß wir Theorien bauen und daß wir versuchen, mit diesen Theorien Probleme zu lösen. Alle Organismen sind Problemlöser, auch die Organismen der Pflanzen, nicht nur der Tiere.

Meine Antwort bezüglich Bewußtsein und Mensch ist ganz klar: Ich habe die Hypothese, daß nicht nur andere Menschen Bewußtsein haben, sondern daß auch Tiere Bewußtsein haben. Wenn man einen Hund kennt, so ist es gar keine Frage, daß ein Hund liebebedürftig ist. Nur: Was ist der Unterschied zwischen tierischem und menschlichem Bewußtsein? – Der Unterschied ist die menschliche Sprache, die Kritik erlaubt. Alles andere ist weniger wichtig.

Friede ist nicht naturwidrig

Ja, das Entscheidende ist, daß wir unsere Theorien an unserer Stelle sterben lassen können, da wir sie kritisieren können, und daß da die natürliche Auslese, die sonst uns umgebracht hätte, an unserer Stelle bloß die Theorie umbringt. Was Du von Optimismus gesagt hast, das ist sehr wichtig, aber trifft nicht diesen Punkt. Mein Optimismus besteht im folgenden. Ich behaupte: Es ist nicht naturwidrig, es ist nicht evolutionswidrig, es ist nicht Kampf-ums-Dasein-widrig, daß es im menschlichen Bereich eines Tages Frieden geben könnte. Denn wir können anstelle des gegenseitigen Umbringens unsere Theorie wegwerfen, die wir als unbrauchbar erkennen. Es ist also ein Argument; nicht eine Prophezeiung, sondern die Behauptung, daß es nicht naturwidrig ist, nicht Kampf-ums-Dasein-widrig ist (wie so oft behauptet wurde), daß wir im menschlichen Gebiet zwischen den Menschen Frieden schaffen. Es ist sehr oft gesagt worden – und vor ungefähr hundert Jahren ist es sehr weitgehend diskutiert worden –, es wäre naturwidrig, Frieden zu schaffen. Und ich sage: Die Natur selbst hat durch die Sprache und durch die Möglichkeit, in der Sprache unsere Theorien zu formulieren, eine neue Dimension geschaffen, die den Frieden nicht naturwidrig macht. Daß es schwierig ist, Frieden zu bewahren; daß es möglich ist, daß wir uns alle gegenseitig umbringen werden, bevor wir diesen rationalen Weg gehen, das weiß ich sehr gut. Aber ich will etwas betonen: Die Rationalität und die Hoffnung auf Rationalität ist nicht naturwidrig.

Eine Uhr mit zwei Zifferblättern

Vollmer: Ich habe einmal in einer Diskussion über Studienpläne erlebt, daß es hieß, man sollte philosophische Klassiker und vielleicht nur solche behandeln. Das Problem, das dabei entsteht, heißt: Was ist ein philosophischer Klassiker? Eine sehr einfache Antwort, die aber nicht schlecht zu sein braucht, ist die: Jemand ist als Philosoph ein Klassiker, wenn er zu vielen philosophischen Problemen konstruktiv beigetragen hat und dies auch mit einer gewissen methodischen Einheit. In diesem Sinne bin ich der Meinung, daß Sir Karl als Philosoph ein Klassiker ist oder wird. Ich habe auch versucht, das übergreifende Element herauszufinden, und mich gefragt: Wie kommt es zu einer solchen möglichen Einheit? Ich glaube, es gibt da drei Aspekte. Erstens das Falsifikationsprinzip, bei Theorien, die wir nicht empirisch überprüfen können, verallgemeinert zum Prinzip der Kritisierbarkeit. Zweitens das Prinzip der Entwicklung oder Evolution, das natürlich mit dem ersten zusammenhängt, weil eine Kritik oder Falsifikation uns ja dazu anregt, etwas Neues zu entwickeln, und drittens möglicherweise die Tatsache, daß unser Wissen unabschließbar ist. Mir scheint das Falsifikationsprinzip oder das Prinzip der rationalen Kritik eine Art Zauberstab zu sein, mit dem Sir Karl viele Probleme angegangen hat, und zwar konstruktiv angegangen hat. Das gilt für die Wissenschaftstheorie in der Sitzung gestern, es gilt für politische Philosophie in der Sitzung morgen und gilt auch heute für das Leib-Seele-Problem und verwandte Probleme.

Die Ausdrucksweise »*das* Leib-Seele-Problem« suggeriert ja, daß dieses Problem eindeutig bestimmt sei. Das ist leider nicht so; darin steckt ein ganzer Komplex von Problemen. Vielleicht ist die erste Frage die: Wie viele unabhängige oder autonome Welten oder Substanzen gibt es? Dabei kann die Antwort sein: Eine – das wäre eine monistische Antwort. Die Antwort kann sein: Zwei – eine dualistische Antwort. Oder sie kann auch – wenigstens im Prinzip – mehr solche Substanzen, Welten oder was immer postulieren. Ich glaube, daß schon danach, nach dieser Antwort, sich das Leib-Seele-Problem aufspaltet: Für den Monisten wird es zum Problem, wie er die Verschiedenheit der Aspekte, über die auch Professor Seitelberger gesprochen hat, erklärt. Wenn es nur eine Welt gibt, wie kommt es dann zur Verschiedenheit der Aspekte, die zum Teil sogar unvereinbar zu sein scheinen? Für den Dualisten ist es das größere Problem, gerade die Gemeinsamkeiten, die Korrelationen, die Beziehungen zu erklären. Ich meine also, daß das Leib-Seele-Problem für den *Monisten* mehr in der Frage besteht: Wie unterscheiden sich jene Strukturen, insbesondere des Gehirns, die *zwei* Aspekte besitzen, von jenen anderen Strukturen, die nur *einen* Aspekt besitzen? Wohingegen für den *Dualisten* das Problem vor allem darin besteht, diese Wechselwirkung, wenn möglich, empirisch zu präzisieren. Ich weiß natürlich nicht, ob das Leib-Seele-Problem für eine von beiden Richtungen lösbar ist; aber ich glaube, daß es dort doch empirisch prüfbare Elemente gibt – nur sind die Fragen für den Monisten und für den Dualisten verschieden.

Wenn ich nun das Falsifikations- oder Kritisierbarkeitsprinzip hinzunehme, dann glaube ich, daß man aus Einfachheitsgründen – und Sir Karl hat ja auch Einfachheit expliziert über größere Falsifizierbarkeit – vielleicht mit einer monistischen Auffassung anfangen sollte. Wenn eine monistische Auffassung richtig ist, dann wird natürlich eine dualistische nicht widerlegbar sein. Denn was ich mit *einer* Substanz erklären kann, das kann ich allemal und erst recht mit *zwei* Substanzen erklären. Mir scheint also, daß es eine sinnvolle Maxime ist, mit einer monistischen Auffassung zu beginnen. Möglicherweise können wir sie nur dadurch widerlegen, daß wir sie hartnäckig verfolgen.

Nun hat Sir Karl aufmerksam gemacht auf ein wichtiges und interessantes Argument über den Darwinismus, das gegen eine solche identitätstheoretische Auffassung spricht. Und zwar ist es das Argument, daß die Evolution gar nicht anders verlaufen wäre – jedenfalls im Rahmen der Identitätstheorie –, wenn es jenen zweiten Aspekt überhaupt nicht gäbe. Da nach der Identitätstheorie ja alle Welt-Zwei-Zustände und -Prozesse identisch sind mit Welt-Eins-Zuständen und -Prozessen, würden schon die Welt-Eins-Zustände genügen. Die Welt-Zwei-Zustände wären in diesem Sinne überflüssig; sie könnten in der Evolution nicht wirksam werden. Deshalb könne die Evolutionstheorie oder der Darwinismus das Auftreten von Welt-Zwei-Zuständen und -Prozessen nicht erklären. Dies scheint mir ein zwingendes Argument gegen den Epiphänomenalismus zu sein, bei dem ja Welt-Zwei-Zustände nur *Oberflächenphänomene* sind, nur eine Art Abfallprodukt von Welt-Eins-Zuständen und -Prozessen. Ich habe aber Zweifel, ob man dieses Argument tatsächlich auch gegen die Identitätstheorie benützen kann.

Ich möchte das an einem Vergleich erläutern, und zwar am Uhren-Gleichnis, das ja auch von Leibniz verwendet wurde, allerdings dort, um dualistische Positionen darzustellen. Für die Identitätstheorie wären die beiden Uhren nicht zwei verschiedene Uhren, sondern ein und dieselbe Uhr, aber mit zwei Aspekten, zum Beispiel mit zwei Zifferblättern. Nun ist es natürlich richtig, daß Uhren mit einem Zifferblatt sehr sinnvoll sein können, aber es kann für gewisse Zwecke auch sehr sinnvoll sein, Uhren mit zwei Zifferblättern zu haben.

Popper: Die Frage liegt ein wenig abseits von dem, was ich eben hauptsächlich diskutieren möchte, nämlich das Besondere an der Welt Drei und der menschlichen Sprache, aber ich möchte trotzdem darauf eingehen.

Zur Identitätstheorie: Es gab einmal einen Materialismus. Dieser Materialismus bestand im wesentlichen darin, ein ganz einfaches, schlagendes Weltbild aufzubauen. Die einfachste Form ist: Es gibt lauter winzig kleine Kügelchen – und sonst nichts. Diese Kügelchen benehmen sich in einer durchaus einfachen Weise, sie können einander stoßen. – Oder ein anderes materialistisches Weltbild: Es gibt kleine Dinge, die sich ineinander verhaken können – und sonst nichts. Und diese Dinge benehmen sich in einer Weise, die wir sehr gut kennen, von unserem Handeln in der materiellen Welt. Das war einmal der Materialismus. Da gibt es eine hübsche Geschichte von einem Sohn, der eine Fotografie seines Vaters hat und in der Zeitung eine Annonce sieht: »Gemälde nach Fotografie gemalt«. Und der dann, wenn er das Gemälde seines Vaters, das nach der Fotografie gemalt wird, sieht, sagt: »Armer Vater, wie hast du dich verändert.« Nun, so ist es mit dem Materialismus. (Heiterkeit im Auditorium.) Dieser einfache, schlagende Materialismus hat eine ungeheuer interessante Entwicklung durchgemacht. Er wurde am Ende zur modernen Physik. Aber in der modernen Physik gibt es zwar Atome, aber die Atome sind nicht einfach, sondern interessante, unglaublich abstrakte Strukturen. Sie benehmen sich nicht so wie die Flaschen und Gläser, sondern sie benehmen sich nach Gesetzen, nach denen zum Beispiel sieben mal fünf nicht gleich fünf mal sieben ist: in denen also das Kommutationsgesetz der Multiplikation nicht mehr gilt und in denen nur ganz abstrakte Gesetze gelten; am

Ende ist sogar die Materie verschwunden, und wir haben die schon erwähnten Gespensterfelder: Also der arme Materialismus hat sich sehr verändert. Ich sehe nicht ein, welche große Anziehungskraft dieser Materialismus auf die Philosophen hat, außer daß sie glauben, daß es etwas ist, was man im Englischen »tough« nennt (also etwa »hartgesotten«).

Dieser Materialismus wird heute Identitätslehre genannt. Ich sehe keine Einfachheit in der Identitätslehre. Ich sehe in der Identitätslehre keinen direkten Widerspruch, aber ich sehe in der Identitätslehre eine leeres Versprechen von Lösungen, von denen wir einstweilen noch nichts zu hören bekommen. Die Identitätslehre verspricht uns, daß sie zeigen wird, daß unser Bewußtsein ein inneres Zifferblatt einer Uhr ist: Das äußere Zifferblatt seht ihr, mein eigenes inneres Zifferblatt sehe nur ich – das ist mein Bewußtsein. Meiner Meinung nach ist das nichts als ein leeres Versprechen, eine Metapher, die uns nichts gibt.

Der Mensch kann lügen, das Tier nicht

Meine Probleme sind vor allem der Unterschied zwischen der menschlichen Sprache und der tierischen Sprache. Das scheint mir wirklich das zentrale Problem zu sein. Die Sprachwissenschaftler haben alle, oder doch die meisten, meinen Lehrer Karl Bühler nicht wirklich verstanden und nicht wirklich gründlich gelesen: Sie haben nicht gesehen, wie wichtig die Lehre von Bühler ist. Und wenn ich mit irgend etwas enden soll, ende ich mit folgendem. Bühler hat Dinge gesagt, die von entscheidender Bedeutung für Sprachwissenschaft, für Musikwissenschaft, für Kunstwissenschaft sind. Er hat darauf aufmerksam gemacht, daß alle Tiere, auch ich, sich jedenfalls *ausdrücken*. Ein Schwein, das grunzt, drückt damit einen inneren Zustand aus. Tiere drücken sich aus, und der Ausdruck kann bis zu einem gewissen Grad als Sprache angesehen werden. Das ist, nach

Bühler, das niedrigste Niveau der Sprache, das immer eine gewisse Rolle spielt, wenn gesprochen wird, aber das nicht an das menschliche Niveau heranreicht. Dann gibt es ein zweites Niveau. Das zweite Niveau ist, was er die *Auslösefunktion* der Sprache nennt. Das bedeutet zum Beispiel, daß, wenn ich jetzt spreche, ich hoffe, daß das in Ihnen, meinen Hörern, etwas auslöst, daß es Sie anregt, zu dem, was ich sage, zu reagieren. Das ist die *Auslösefunktion* oder die *Kommunikationsfunktion*, die auch bei Tieren eine große Rolle spielt. Und das Wichtigste sind hier bei den Tieren die *Warnungsrufe* oder Warnungszeichen. Und auch Lockrufe, die etwa den Geschlechtspartner anziehen. Das ist das zweite Niveau. Das kommt bei allen Tieren vor und bedeutet Kommunikation zwischen Organismen. Konrad Lorenz hat sicher recht, wenn er betont, daß diese Funktion beim Menschen viel weiter entwickelt ist als bei den Tieren.

Also wir haben zwei niedrigere Niveaus, und das ist die Ausdrucksfunktion und die Kommunikationsfunktion. Fast alle Sprachtheoretiker haben entweder nur die Ausdrucksfunktion verstanden oder nur die Ausdrucks- und die Kommunikationsfunktion verstanden und sprechen von der menschlichen Sprache, als ob sie *nur* Ausdruck und Kommunikation wäre. Aber das Eigentliche und Wichtige und Revolutionäre der menschlichen Sprache ist: Sie geht über die Ausdrucksfunktion und Kommunikationsfunktion entscheidend hinaus – zur *Darstellungsfunktion*. Sie kann Dinge beschreiben, die sich, zum Beispiel, vor tausend Jahren abgespielt haben. Sie kann heute von der Ermordung von Julius Cäsar sprechen, und sie kann Dinge beschreiben, die vielleicht in einem Jahr oder in hundert Jahren oder in tausend Jahren stattfinden werden; zum Beispiel die Explosion eines Nebels im Milchstraßensystem. Sie kann ganz abstrakte Dinge beschreiben, wie in der Mathematik. Sie ist mit einem Wort nicht bloß auf Warnungs- oder Lockrufe beschränkt, die für den Moment dienen, sondern sie ist in ihren Formulierungen nicht länger an den Moment des Sprechens gebunden. Und sie kann vor allem Theorien aufstellen; und sie kann diese Theorien, wenn sie sie aufgestellt hat, kritisieren.

Diese entscheidende menschliche Situation ist im allgemeinen von den Sprachwissenschaftlern ignoriert worden, obzwar sie Karl Bühler im Jahre 1918 in einem kurzen Artikel sehr klar formuliert hat (mit Ausnahme der Funktion des Kritisierens). Das scheint mir nun die Grundlage der menschlichen Kultur zu sein: die Möglichkeit, sprachlich diese Dinge zu formulieren. Man kann das auch ganz kurz damit ausdrücken, daß der Mensch mit seiner Sprache zumindest in einer Weise lügen kann, wie es die Tiere nicht können. Wie das dann genauer analysiert ist, darüber könnte man sehr viel sagen. Natürlich können die Tiere in gewissem Sinn lügen, aber der Mensch kann nicht nur wahre Dinge, sondern falsche Dinge *sagen*. Und diese falschen Dinge sind ja gewöhnlich gar keine Lügen, sondern Irrtümer. Jedenfalls kommt hier mit der Möglichkeit, etwas Falsches zu sagen, das ganze Problem der Wahrheitssuche und das ganze Problem der Kritik herein. Und dieser Punkt scheint mir der grundlegende Punkt für die Welt Drei zu sein und ein Punkt, der eben ausgesprochen menschlich ist.

Schlechte Philosophie schadet der Kunst

Ich weiß nicht, wie viele Jahre ich für Bühler in dieser Sache eingetreten bin, aber bisher habe ich noch keinen Widerhall gefunden, und ich möchte es daher hier noch einmal sagen. Es ist charakteristisch für die intellektuelle Oberflächlichkeit unserer Zeit, daß dauernd so geredet wird, als ob Sprache Kommunikation wäre, *bloß* Kommunikation oder auch *bloß* Ausdruck. Die Betonung des bloßen Ausdrucks der Sprache hat übrigens zum Expressionismus geführt. Was ist schon nach der allgemeinen Auffassung Kunst? Kunst ist Ausdruck der Persönlichkeit: *Ich*, der Künstler, ich bin wichtig in der Kunst; *ich* muß mich ausdrücken, eventuell muß ich kommunizieren. Das ist alles, was in der Kunst wichtig ist. Das hat die Kunst zugrunde gerichtet. Die Künstler sind auch nur Menschen, und wenn sie hören, daß alles Ausdruck ist, dann drücken sie eben ihre Gefühle aus oder vielleicht den Geist der Gegenwart. Das ist die Wahrheit über den Niedergang der Kunst: Die oberflächlichen Philosophen sind am Niedergang der Kunst schuld.

Kreuzer: Erkenntnistheorie also auch als Kunsttheorie. Soviel für heute, ich danke Ihnen.

3. Tag: Die offene Gesellschaft

(Karl R. Popper, W. W. Bartley III, Gerard Radnitzky, Ivan Slade, Alexandre Petrovic, Peter Michael Lingens, Norbert Leser)

Popper: Ich möchte überleiten vom gestrigen Thema Welt Eins, Welt Zwei und Welt Drei. Welt Eins, ich wiederhole kurz, ist unsere gewöhnliche physische Umwelt einschließlich unserer natürlichen Organismen. Welt Zwei ist die Welt unserer subjektiven Erlebnisse, zum Beispiel die Welt unserer Hoffnungen und Befürchtungen, die Welt unserer Gedanken, die Welt der Erlebnisse, die wir haben, wenn wir ein Buch lesen, wenn wir versuchen, eine Theorie zu verstehen. Die Welt Drei ist die Welt der Theorien an sich: die Welt der Inhalte der Bücher. Die meisten Gegenstände der Welt Drei gehören auch in einer nicht sehr wesentlichen Weise zur Welt Eins. Ein Buch ist ein physischer Gegenstand und somit ein Welt-Eins-Gegenstand. Als physischer Gegenstand gehört das Buch zur Welt Eins, der Inhalt des Buches gehört zur Welt Drei. Wenn jemand sagt: »Ich habe die Bibel gelesen«, so meint er nicht, daß er in einem schweren großen Buch die Blätter umgewendet hat, sondern daß er den *Inhalt* irgendwie aufgefaßt hat. Den *Welt-Drei-Inhalt* des Buches.

Diese Unterscheidung, die ich für notwendig, aber für nicht sehr viel mehr als eine Klassifikation halte, hat bei den Philosophen starke Ablehnung gefunden, obzwar ich sie von der alten Philosophie übernommen habe. Wie Frau Papadaki gestern dargelegt hat, ist fast das Ganze schon bei den Stoikern in der hellenistischen Zeit zu finden. Ich selbst habe den Gedanken vor allem von dem österreichischen Philosophen Bolzano übernommen. Ein ähnlicher Gedanke findet sich bei Frege, dem großen deutschen Philosophen und Logiker, der um die Jahrhundertwende gelebt hat. Er hat, was ich »Welt Drei« nenne, das »Dritte Reich« genannt. Sie werden verstehen, warum ich den Namen etwas abgeändert habe. (Heiterkeit im Auditorium.) Zwischen Freges »Drittem Reich« und meiner »Welt Drei« ist der Unterschied – der einzige wichtige Unterschied auch zu Bolzanos Welt der »Aussagen an sich« oder den Stoikern und ihrem »Lekton« –, daß ich die Welt Drei *darwinistisch* betrachte. Das heißt, ich habe als Darwinist gesehen, daß wir nicht nur wie die anderen Organismen Finger entwickeln, Augen entwickeln, Ohren entwickeln, sondern wir entwickeln auch Brillen, wir entwickeln auch Hörgeräte, wir entwickeln alle möglichen *Werkzeuge*. Unter diesen Werkzeugen, die in einem gewissen Sinn außer uns existieren und gewöhnlich als physische Dinge außer uns existieren, ist das wichtigste die menschliche Sprache, mit ihren außerordentlichen wichtigen Besonderheiten, die sie von der Tiersprache deutlich unterscheiden. Ich habe also die menschliche Sprache als ein darwinistisches Evolutionsprodukt angesehen und gesehen, daß man innerhalb dessen dann das »Dritte Reich« von Frege und die Welt der »Aussagen an sich« von Bolzano in einer Weise verstehen kann, in der es Frege und Bolzano nicht gelungen ist. Sowohl Frege wie Bolzano waren über die Welt Drei, die sie da entdeckt hatten, verblüfft. Sie haben nicht gewußt, wie sie sie zu den anderen Welten in Beziehung setzen sollen. Darüber haben sie verschiedene Andeutungen gemacht, sie haben sehr wenig darüber gesprochen, weil sie gewußt haben: Hier ist etwas, das wir nicht ganz verstehen können. Wenn man die »Welt Drei« aber in dieser darwinistischen Weise ansieht, also die Sprache als Werkzeug und die gesprochenen oder geschriebenen Theorien als Werkzeug, dann ist das ganz anders. Die Theorien sind ähnliche Werkzeuge wie unsere Augen oder unsere Ohren; Werkzeuge, die wir verwenden, um uns in der

Welt Eins, also in der physischen Welt, zurechtzufinden und zu behaupten. Das ist in Kürze meine Theorie der Welt Drei. Sie ist eine Klassifikation: nichts Besonderes. Was ich vielleicht noch dazugefügt habe, ist die ungeheure Bedeutung dieser Welt Drei für das menschliche Leben. Ich behaupte, daß wir, als Persönlichkeiten, nur durch unsere Beziehung zur Welt Drei wirklich *existieren*.

Sprechen lernt man nicht vom Zuhören

Wir haben darüber gesprochen, daß es kein Menschentum gibt ohne diese Welt Drei: Unser Menschentum ist in der Wechselbeziehung zwischen uns und dieser Welt Drei enthalten. Ich greife auf vorgestern zurück: Es sind unsere Aktivitäten, die die Welt erfassen, die die Information aus der Welt in uns hineinsaugen. Es ist nicht so, daß die Information in uns hineinströmt. Wenn ich nicht hinschaue und nicht aufmerksam darauf bin, so existiert das alles nicht für mich. Wir ziehen durch Aufmerksamkeit, durch Interesse die Information in uns hinein. Diese Aktivität gilt auch für die Kinder in ihrer Relation zur Sprache. Die Kinder lernen nicht die Sprache, indem sie *hören*, sie lernen die Sprache, indem sie *sprechen*, indem sie Sprechversuche machen. Und diese aktiven Sprechversuche bedeuten dann eine Art Neuschöpfung der Sprache durch jedes Kind. Dann lernen sie auch, zuzuhören, zu lauschen.

Hier möchte ich eine Bemerkung einfügen: Ich halte nichts vom Intelligenzquotienten. Ich glaube, daß das eine der großen Unsinnigkeiten unserer Welt ist, und es ist durchaus möglich, daß sie sogar dazu führt, daß Amerika den nächsten Krieg verlieren wird, denn die amerikanischen Generäle sind aufgrund des Intelligenzquotienten ausgewählt. (Heiterkeit im Auditorium.) Der Intelligenzquotient ist meiner Meinung nach ein absoluter Unsinn. Jeder Landwirt weiß, daß die Qualität des Bodens nicht mit *einer* Maßzahl angegeben werden kann, sondern daß wir eine mehrdimensionale Beschreibung eines Stück Bodens haben müssen, um sagen zu können, ob etwas auf dem Boden wachsen wird. Aber die menschliche Intelligenz wird eindimensional gemessen. Es gibt schlagende Argumente gegen den »IQ«, etwa, daß Einstein einen niedrigen Intelligenzquotienten gehabt hat. Mit einem Wort: Das ist eine jener wissenschaftlichen Dummheiten, die nur dadurch fortleben, daß sich die Wissenschaft ständig überschlägt.

Ein letztes Wort zu dem, was die Welt Drei betrifft: Die Welt Drei ist die Welt der gedanklichen Inhalte, zum Beispiel der Religionen, der Ideologien. Das Wichtigste in der Welt Drei, das, was sozusagen gesäubert in die Welt Drei kommt und weiter gesäubert wird, sind die wissenschaftlichen Theorien – keineswegs deshalb, weil die Wissenschaft autoritativ ist oder weil die wissenschaftlichen Theorien notwendigerweise wahr sind – wir hoffen nur, daß sie wahr sind. Es ist mir zugeschrieben worden, daß ich gesagt habe: Wissenschaftliche Theorien sind nie wahr. Das ist auch ein Unsinn. Die wissenschaftlichen Theorien sind das, was der Kritik am stärksten ausgesetzt ist. Sie sind das, was wir nach einem Auskämmungsprozeß, einem Reinigungsprozeß, einem Falsifikationsprozeß vor uns liegen haben. Die Theorien sind, glaube ich, die besten Inhalte dieser Welt Drei. Ich will damit aber nichts sagen gegen andere Inhalte, Literatur, Ethik: Alles mögliche Wichtige gibt es in der Welt Drei. Wie gesagt, die Philosophen haben eine etwas spöttische Einstellung zur Welt Drei, sie glauben, daß das ja eigentlich Welt Zwei sei, daß die Welt Drei gar nicht existiert. Sie meinen, die Inhalte der Bücher existieren nicht, sondern was existiert, ist nur unser Glaube an den Inhalt dieser Bücher oder andere Welt-Zwei-Erlebnisse. Ich glaube, daß diese Leute nicht hinreichend nachgedacht haben. Ich glaube, daß die Welt Drei *wirklich* ist, in einem sehr wirklichen Sinn, nämlich *wirksam*. Sie hat einen ungeheuren Einfluß auf unser Leben. Die Ideologien vor allem haben einen Einfluß wie sonst nur noch die Bakterien oder andere Krankheitserreger. Wenn

Sie zum Beispiel an den Einfluß der nationalsozialistischen Ideen denken, wie diese Ideen die Welt Zwei eines großen Landes verrückt gemacht haben, ärger, als wenn alle diese Leute Fässer von Alkohol getrunken hätten, dann werden Sie sehen, daß die Wirksamkeit der Welt-Drei-Ideen nicht überschätzt werden kann. Und diese Wirksamkeit bedeutet, daß die Welt Drei *wirklich* ist und daß wir mit der Welt Drei als etwas Wirksamem rechnen müssen.

Es gibt andere Wirkungen der Welt Drei, zum Beispiel in der Medizin. Die Theorien in der Medizin haben unzähligen Menschen das Leben verlängert oder das Leben gerettet. Alle Werkzeuge können zum Guten und zum Bösen verwendet werden. Ob das Werkzeug eine Schaufel ist, ein Messer ist, eine Gabel ist, das ist egal, es kann zum Bösen verwendet werden. Das gilt auch, wie gesagt, für Ideologien.

Plädoyer für die Bescheidenheit

Der ungeheure Einfluß der Welt Drei wirkt auf die Gesellschaft vor allem durch die sogenannten Intellektuellen. Ich habe mir vorgenommen, für den Rest meines Lebens für intellektuelle Bescheidenheit Propaganda zu machen. Es gibt eine Tradition, eine ungeheuer starke Tradition der intellektuellen Unbescheidenheit und Unverantwortlichkeit. Ich habe ungefähr im Jahre 1930 einen Spaß gemacht. Ich habe gesagt: Viele der Studenten gehen an die Universität nicht mit der Einstellung, daß da ein großes Reich des Wissens ist, von dem sie vielleicht ein kleines Stück erfassen können, sondern sie gehen an die Universität, um zu lernen, *wie man unverständlich und eindrucksvoll redet. Das ist die Tradition des Intellektualismus.* Ich habe das damals als Spaß gesagt. Wie ich aber dann selbst Universitätslehrer geworden bin, habe ich zu meinem Entsetzen bemerkt, daß das Wirklichkeit ist. Es ist so, leider. (Heiterkeit.) Es gibt eine Tradition an den Universitäten, die diese Einstellung legitimiert, und das ist die Tradition, die man mit dem Wort Hegelianismus bezeichnen kann. Hegel wird besonders in Deutschland ungeheuer bewundert. Die Leute glauben ganz ernsthaft, daß Hegel ein großer Philosoph war, weil er große Worte gemacht hat. Und das ist diese unerhörte intellektuelle Unbescheidenheit, die unter den Intellektuellen grassiert. Sie ist es, die ich in meinen letzten Jahren bekämpfen möchte. Ich möchte eine neue Mode einführen. Ich habe immer gegen Moden gearbeitet, ich bin nie mit der Mode gegangen und habe nie versucht, eine Mode einzuführen. Aber ich möchte die Mode der intellektuellen Bescheidenheit einführen, des dauernden Denkens an das, was wir nicht wissen. Wir müssen uns dauernd klarmachen, wie ungeheuer viel wir *nicht* wissen. Und es ist vor allem die Wissenschaft, die uns lehrt, *was* wir nicht wissen. Und wir sollen vor allem die Wissenschaft in dem Sinn ansehen, daß sie uns überall zu den Grenzen führt, wo wir sehen: Ja, wir wissen ja eigentlich noch gar nichts. Das möchte ich als die neue Mode bei den Intellektuellen einführen. Sie wäre zwar auch nur eine Mode, aber eine bessere.

Die Verballhornung Immanuel Kants

Ich möchte noch ein Wort zu Hegel sagen, weil uns das zum Thema der »offenen Gesellschaft« führt. Ich war vor ein oder zwei Jahren in Tübingen. Und in Tübingen habe ich zwei Abendseminare gehabt, eines mit den Theologen und eines mit den Philosophen. Und ich habe den Philosophen vorgeworfen, daß die Einstellung der deutschen Intellektuellen, die von den deutschen Philosophen gefördert wurde, an der Möglichkeit des Hitlerismus schuldig ist. Die Ideologie des Nazismus wäre unmöglich gewesen, wenn die deutschen Philosophen intellektuelle Verantwortlichkeit gekannt hätten. Aber intellektuelle Verantwortlichkeit war etwas für sie vollkommen Unbekanntes. Ihre Aufgabe war, eindrucksvoll und unverständlich zu sprechen. Das wurde ihnen gelehrt: Dieser Aufgabe sind sie nachgegangen, diese Aufgabe haben sie erfüllt. Ich habe ihnen das in einer Round-Table-Konferenz vorgeworfen. Sie waren entsetzt, und aus der Diskussion ist hervorgegangen, daß sie eigentlich nicht verstanden, was ich ihnen vorzuwerfen hatte. Aber schließlich haben sie es doch eingesehen.

Nun ein paar Bemerkungen über die Entstehung dieser Denkrichtung in Deutschland: Sie hängen mit Kant zusammen. Kant war einer der wunderbarsten Menschen, von denen wir in der Geschichte lesen: Durch und durch ehrlich, durch und durch um Wissen besorgt. Er hat ein Buch geschrieben, das großartige Ideen enthält, aber ein Problem angreift, das nicht lösbar ist, das auf einem Mißverständnis beruht. Er wollte zeigen, warum Newtons Theorie *wahr ist*. Wie wir heute wissen, ist die Newtonische Theorie eine großartige Hypothese. Vielleicht ist sie wahr, das kann man aber nicht aus Grundprinzipien zeigen. Aber Kant hat Grund gehabt zu glauben, daß das die Aufgabe der Erkenntnistheorie ist. Das Ganze war eine unglückselige Situation, aus der ein zum Teil unverständliches oder sehr schwer verständliches Buch entstanden ist: die *Kritik der reinen Vernunft*. Durch und durch ehrlich, ein wunderbares Buch, aber sehr schwer verständlich. Er hat sein Problem nicht gelöst und nicht lösen können. Dadurch ist aber in Deutschland die Identifikation von Schwerverständlichkeit und Tiefe entstanden. Wenn etwas verständlich ist, dann hat es keine Tiefe – das ist die direkte, mißverständliche Folgerung aus diesem historischen Unglück.

Die Nachfolger Kants, Fichte und Hegel vor allem, haben diese Situation ausgenützt. Ich habe in meinem Buch *Die offene Gesellschaft* in einer der vielen Fußnoten geschrieben, wie das passiert ist, besonders mit Fichte. Fichte hat ein Buch im Kantischen Stil über Religionsphilosophie geschrieben und anonym erscheinen lassen und gleichzeitig das Gerücht verbreitet, daß es von Kant sei. Dann ist Kant gezwungen worden, eine öffentliche Erklärung abzugeben, daß dieses Buch von dem »sehr geschickten Herrn Fichte« ist, wie er ihn genannt hat – eine glänzende Beschreibung. Und dann hat Fichte diesen Schwindel in der haarsträubendsten Weise ausgenützt: So wurde er berühmt. Es gibt eine zweite öffentliche Erklärung von Kant über Fichte (August 1799). Diese wird den Studenten nicht mitgeteilt. Sie sagt in Kürze, daß Kant das Werk von Fichte als einen elenden Schmarrn bezeichnet – elender Schmarrn steht nicht drin; aber folgendes steht drin: »Gott bewahre uns nur vor unsern Freunden, vor unsern Feinden wollen wir uns wohl selbst in acht nehmen ... Es gibt nämlich ... auch bisweilen betrügerische, hinterlistige, auf unser Verderben sinnende und dabei doch die Sprache des Wohlwollens führende ... sogenannte Freunde, vor denen und ihren ausgelegten Schlingen man nicht genug auf seiner Hut sein kann.« Das war eine unerhört scharfe Erklärung, und Kant war nicht der Mann, der eine solche Erklärung leicht abgegeben hat.

So ist es zum deutschen Idealismus gekommen. Dann kam Hegel, ein viel begabterer Mann als Fichte. Ich lese Hegel schon sehr lange nicht mehr, einfach deshalb, weil ich ihn nicht für ehrlich halte. Er sucht nicht die Wahrheit: Er will beeindrucken. Hegels Philosophie war wirklich die erste Philosophie, die in Deutschland mit Machtfragen zu tun hatte. Hegels Philosophie war die Vergötterung des Staates, und zwar speziell des preußischen Staates. Der preußische Staat wurde von Hegel in großartiger Weise als der »Marsch Gottes durch die Welt« erklärt. Diese Hegelsche Philosophie wurde von Marx aufgegriffen. Marx hat gesagt: Sie steht auf dem Kopf, man muß sie auf die Füße stellen. Ich halte das, was Marx da getan hat, für interessant, wichtig. Aber es hat wie so vieles unglückselige Folgen gehabt. Darüber habe ich in meinem Buch *Die offene Gesellschaft und ihre Feinde* berichtet. Ich habe versucht Marx gerecht zu werden. Ich glaube auch heute noch (obzwar ich seitdem eine Menge über Marx gehört habe, was mir sehr mißfällt), daß Marx von dem Elend der Proletarier wirklich tief berührt war, daß er den Proletariern helfen wollte. Nur glaube ich heute leider auch, daß er persönlich überaus ambitiös war, daß er ein Machtsucher war, der verbittert war, weil ihn die Machtsuche nirgends hinführte. Marx zeigte – und das war damals wesentlich –, daß er in einer bösen gesellschaftlichen Welt lebte, in einer Welt, in der es Unterdrückung und Ausbeutung, Hunger und Elend auf der einen Seite gab und Luxus auf der anderen Seite. Hier hat Marx viel geleistet, und er hat mit beigetragen zur Reformierung dieser Welt.

Die beste Welt, die es bisher gab

Meine These zur Gegenwart aber ist: Wir leben hier im Westen – ich weiß, daß es auch eine Dritte Welt gibt, wo es anders ist – wir leben hier im Westen in der verhältnismäßig besten, gerechtesten, fürsorglichsten Welt, die es je in der Geschichte gegeben hat: in der freien Welt, in der Welt, wo wir die größten Möglichkeiten haben, in einer Welt, wo wir frei sprechen können. Das ist eine Welt, wie sie es nie vorher gegeben hat. Ich möchte sogar dazusetzen, daß die Güte unserer Welt zum Teil durch Marxisten hervorgebracht worden ist. Ich meine Leute wie den Wiener Bürgermeister Seitz oder den Stadtrat Breitner, die in meiner Jugend gelebt haben und die wirklich viel für die Menschen in Wien getan haben. Das alles gebe ich gerne zu. Aber viele Intellektuelle glauben heute, daß wir in einer elenden Welt leben. Und das wird den jungen Leuten dauernd nicht nur erzählt, sondern eingerieben, eingeimpft. Nun ist es selbstverständlich, daß es in unserer Welt Gutes und Schlechtes gibt. Es wäre unsinnig zu sagen, daß man unsere Welt nicht mehr verbessern kann. Es ist unsere Aufgabe und die Aufgabe junger Menschen, unsere Welt weiter zu verbessern – aber wirklich zu verbessern und nicht zu verschlechtern. Wenn die Jungen unsere Welt mit der Einstellung ansehen, daß das eine elende Welt ist, eine abscheuliche Welt, so werden sie auf diese Weise selber unglücklich gemacht – sie leben selber unglücklich in einer

Welt, die wunderschön ist, wobei ich an Österreich als Beispiel denke. – Sie leben aber auch, undankbar, in dieser Welt, in der sie große Aufgaben hätten, in der es große Dinge zu verbessern gibt, in der es leidende Menschen gibt, denen geholfen werden muß.

Das ist meine Hauptthese: daß wir in einer guten Welt leben und daß die Medien, die Journalisten, die Intellektuellen, alle glauben, wir leben in einer elenden Welt, und daß dieser Glaube in die jungen Leute eingepflanzt wird. Wir erleben dann etwa in Deutschland oder in Italien, daß es zu furchtbaren Terrorakten kommt, bei denen unschuldige Menschen erschossen wurden – von jungen Leuten, die hohe Ideen von einer besseren Welt haben und glauben, diese bessere Welt zum Beispiel in Rußland zu finden oder sonst in einem der kommunistischen Länder, wo die geknechteten Menschen nicht das Recht haben, offen zu sprechen.

Marx bleibt Marx

Bartley: Ich möchte einige Worte ergänzend zu Poppers Marx-Kritik sagen.* Die beiden Bücher Poppers »Die offene Gesellschaft und ihre Feinde« und »Das Elend des Historizismus« enthalten eine entscheidende Widerlegung der Theorien des Marxismus. Bryan Magee, ein Sozialist und Mitglied des britischen Parlamentes, hat geschrieben: »Ich sehe nicht, wie ein vernünftiger Mensch, der Poppers Marx-Kritik gelesen hat, noch Marxist sein kann.« Das ist nur eine von vielen ähnlichen Stimmen, aber man muß auch einräumen, daß es viele marxistische Autoren gibt, die in diesem Punkt auf das schärfste widersprechen. Unter diesen Autoren finden sich Ernst Bloch, Georg Lukács und Herbert Marcuse. Diese Autoren behaupten,

* Vgl. hierzu die im Verzeichnis der Beiträger unter W. W. Bartley III angegebene Literatur.

daß Marx kein Historizist war, wie Popper, gestützt auf Zitate aus dem »Kapital«, behauptet, sondern ein Humanist und ein Existentialist. Sie sagen, daß der angebliche Marxismus, gegen den Popper aufgetreten ist, eine Konstruktion von Engels war. Diese Autoren bestreiten nicht den ungeheuren politischen Einfluß dieser Konstruktion von Engels. Sie bestreiten auch nicht, daß Popper diesen in den kommunistischen Ländern und in der Zweiten und Dritten Internationale und von Lenin allein anerkannten Marxismus widerlegt hat.

Ihr wichtigstes Argument gegen Poppers Marx-Kritik stützt sich auf einige Manuskripte des jungen Marx, die von Marx nie veröffentlicht wurden und die, in der Zeit, als Popper in Wien seine Marx-Kritik konzipierte, noch unbekannt waren. Es sind die sogenannten Pariser Manuskripte des jungen Marx. Das Argument der Kritiker von Poppers Marx-Kritik war, daß diese Kritik durch die Entdeckung der unbekannten Pariser Manuskripte überholt sei. Nun, auch dieses Argument ist vor kurzem widerlegt worden. Im Dezember 1982 fand hier in Österreich in Linz eine internationale Konferenz über die Geschichte der Arbeiterbewegung statt, auf der ein holländischer Forscher seine langjährigen und überaus sorgfältigen Studien der »Pariser Manuskripte« vorlegte. Das Ergebnis ist, man kann wohl sagen, daß diese sogenannten Manuskripte eine Legende sind. Die Manuskripte existieren physisch im Sinne von Poppers Welt Eins, aber ihr Inhalt, ihre Welt-Drei-Bedeutung, ist nicht existent. Sie sind nicht unveröffentlichte Manuskripte, die Marx vielleicht unter Umständen veröffentlicht hätte, sie sind nichts als unorganisierte Notizen, die Marx machte, als er verschiedene Autoren las. Was als der Hauptinhalt dieser »Manuskripte« angesehen wurde, die sogenannte Lehre von der Entfremdung, das hat Marx schon im Jahre 1846 nicht nur aufgegeben, sondern geradezu ironisiert – wie übrigens Popper auch. In seinem publizierten Werk und schon vorher war Marx kein Anhänger der Entfremdungstheorie. Man könnte nun sagen, daß Popper Glück gehabt hat, daß die damals noch unbekannten Frühschriften von Marx die Kritik Poppers in der Tat nicht berühren, aber man kann nicht sagen, daß die Gegner von Poppers Marx-Kritik nur Pech gehabt haben. Im Gegenteil: Die Aufbauschung der Frühschriften von Marx war, vom Standpunkt echter Forschung gesehen, erstens fahrlässig: Das Manuskript wurde nicht gründlich und kritisch studiert; zweitens aber war das Vorgehen dieser Kritiker autoritätsgläubig: Weil der große Marx der Autor war, wurde ein ganz unbedeutendes Manuskript aus Marxens Jugendjahren überbewertet und Marxens reifen, von ihm selbst publizierten Schriften vorgezogen.

Die schlechteste Regierungsform – außer allen anderen

Popper: Die Tatsache, daß unsere Gesellschaft zum Teil das Resultat von bewußter Reform ist – diese Tatsache soll nicht vergessen werden. Sie kann uns dazu helfen, weiter zu reformieren, aber – und das ist jetzt sehr wichtig – jeder Mensch, der sich in Politik in irgendeiner Weise hineinmischt, durch Theorien oder mittels einer neuen Ideologie, sollte sich zweier Dinge bewußt sein: Er muß sich dessen bewußt sein, daß er eine ungeheure intellektuelle Verantwortung trägt, und er muß sich dessen bewußt sein, daß er auch Schaden stiften kann. Er muß daran denken, daß er nichts weiß und lernen muß, daß er seinen Kopf offenhalten muß und daß er nicht vorgeben darf, daß er weiß, wenn er nichts weiß. Er muß sich selbst kritisieren und dauernd seine Lehren über den Staat und die Gesellschaft verbessern können. Das politische Führertum ist Blödsinn. Der Engländer H. G. Wells hat einmal sehr schön und einfach gesagt: »Grown men do not need leaders.« Auf Deutsch: »Erwachsene Menschen brauchen keine Führer.« Sie sollen aber auch nicht versuchen, als Führer aufzutreten.

Wenn ich schon bei glänzenden englischen Bemerkungen

bin, so möchte ich noch zwei Bemerkungen von Churchill hinzufügen. Die eine heißt: Die Gefahr des Sozialismus besteht darin, daß »our civil servants will become our uncivil masters«. – Ein »civil servant« ist wörtlich übersetzt ein »ziviler Diener« oder »Zivilbeamter«; er ist ein Beamter im Zivildienst zum Unterschied vom Militärdienst. Aber das Wort ist zweideutig: »civil« bedeutet im Englischen auch »höflich«, und »our civil servants«, also unsere »höflichen Diener«, können unsere »uncivil masters« werden – unsere unhöflichen Meister, unsere rauhen Aufseher. Das hat Churchill als die Gefahr des Sozialismus dargestellt, und diese Gefahr ist mir selbst wohlbekannt.

Die andere Churchill-Bemerkung, die ungeheuer wichtig ist und in gewissem Sinn das Thema des heutigen Tages berührt: »Die Demokratie ist die schlechteste aller Regierungsformen – mit der alleinigen Ausnahme aller anderen.« Damit wollte er sagen: *Es gibt keine gute Regierungsform.* Es gibt nur solche Regierungsformen, die unverbesserlich schlecht sind, die also nur durch Gewalt ersetzt werden können, und solche Regierungsformen, in denen man durch eine Abstimmung die Regierung absetzen kann. Die Möglichkeit, die Regierung ohne Schüsse abzusetzen, ist das Wichtigste an der Demokratie. Alles andere hängt an den Bürgern, an den Demokraten. Die Demokratie kann nicht besser sein als die Demokraten. Es sind die Demokraten, die für die Verbesserung arbeiten müssen, das ist das Entscheidende. Es ist ein Unsinn, sich über die Demokratie zu beklagen. Die Antwort auf so eine Klage ist: Was hast du getan, um die Demokratie zu verbessern?

Instinkte, die sich nach der Steinzeit sehnen

Radnitzky: Ich möchte einige Thesen über das Verhältnis von Erkenntnistheorie und politischer Philosophie aufstellen. Die erste These: Positionen in der politischen Philosophie haben ihre Wurzeln in Positionen in der Erkenntnistheorie. In der Erkenntnistheorie gibt es ein Dilemma, das man das Dilemma der Begründungsphilosophie nennen könnte. Wenn man einen Satz durch Sätze begründen will, kann man entweder das Begründungsverfahren fortsetzen oder es abbrechen. Da infiniter Regreß und logische Zirkel aus logischen Gründen keine praktikablen Möglichkeiten darstellen, reduzieren sich die Möglichkeiten auf das Dilemma: entweder ein dogmatischer Abbruch des Begründungsverfahrens oder Skeptizismus.

Zweite These: Dieses Dilemma der Erkenntnistheorie, die im Kontext des begründungsphilosophischen Denkstils betrieben wird, hat ein Gegenstück in der politischen Philosophie, nämlich in der Alternative: entweder Dogmatismus in der Form der Unterordnung des Individuums unter das Kollektiv oder Anarchie. Damit stellt sich die Frage, ob diese Alternative tatsächlich ein Dilemma darstellt.

Dritte These: Für die Lebensform der stammesgemeinschaftlichen Kleingruppe stellt die genannte Alternative tatsächlich ein Dilemma dar. Die Menschheit hat drei bis vier Millionen Jahre in kleinen jagenden und sammelnden Horden gelebt. In dieser Kleingruppe, der face-to-face group, sind sich alle Mitglieder persönlich bekannt, sie können einander berühren und daher auch rühren. Da eine solche Kleingruppe, wenn sie den Anarchismus praktizieren würde, schnell als Gruppe verschwinden würde, bleibt nur die Unterordnung des Individuums unter das Kollektiv. Der Wilde ist deshalb notgedrungen Kollektivist. Unsere moralischen Institutionen sind der Lebensform der Kleingruppe angepaßt, sie werden in der Sozialisierung des Kindes eingelernt und beherrschen deshalb auch heute unsere Emotionalität. Wenn aber in der Moderne das Prinzip der Unterordnung des Individuums unter das Kollektiv weiterhin als die einzige Möglichkeit der Erhaltung einer sozialen Ordnung gesehen wird, führt dies notwendigerweise zum Totalitarismus. Der moderne Kollektivismus ist daher ein Versuch, zum Zustand des Wilden zurückzukehren.

Vierte These: Die Begründungsphilosophie stellt die erkenntnistheoretische Grundlage für diejenige Position in der politischen Philosophie dar, die für weitgehende Planung plädiert. Es ist die Position, die Friedrich von Hayek als »konstruktivistischen Rationalismus« bezeichnet hat. Kernstück dieser Position ist der Glaube, daß es immer möglich sei, durch planende Konstruktion bessere Resultate zu erzielen als durch den selbstordnenden Prozeß, der wie eine »unsichtbare Hand« spontane Ordnungen schafft. Zur Ideologie der Zentralplanung gehört auch der Holismus: die Bewertung, daß das Kollektiv und nicht das Individuum im Zentrum stehen solle, daß der Staat dem Kollektiv und nicht dem Individuum dienen soll. Wieso stützt sich die Ideologie der Zentralplanung auf Begründungsphilosophie? Eine Politik der weitgehenden Planung ist nur dann rational, wenn angenommen wird, daß der Planer im Besitz von Wissen über das Funktionieren der Gesellschaft ist, das genügend umfassend und sicher ist. Je umfassender die geplante Umstrukturierung der Gesellschaft, desto umfassender und desto sicherer müßte das Wissen der Instanzen der Zentralplanung sein.

Fünfte These: Das Dilemma »entweder Dogmatismus oder Anarchie«, das für die Lebensform der Kleingruppe ein echtes Dilemma ist, ist für die Lebensform der abstrakten Großgesellschaft kein echtes Dilemma mehr. In diesem Kontext löst sich das Dilemma auf, sobald eine dritte Möglichkeit sichtbar wird. Karl Poppers Kritizismus bietet diese dritte Möglichkeit. Sobald erkannt wird, daß auch im Bereich der Politik rationales Problemlösen möglich ist, verschwindet das Dilemma. Das Modell des rationalen Problemlösens ist dabei dasselbe in sämtlichen Bereichen: das Zusammenspiel von Kreativität und Kritik. Es ist wesentlich ein evolutionäres Modell und hat auch in der Biologie sein Gegenstück im Zusammenspiel von Mutation und Selektion.

Im Laufe der kulturellen Evolution bildeten sich allmählich die Voraussetzungen für eine Gesellschaft freier Menschen heraus. Das heißt, es wurde möglich, daß eine solche Gesellschaftsform geschaffen werden kann, wenn es die Menschen wollen. Zu diesen Vorbedingungen gehören: die Entstehung einer kritischen Tradition mit Wahrheit als regulativem Prinzip, die Anerkennung der prinzipiellen Fallibilität des menschlichen Erkenntnisvermögens und die Einsicht, daß rationale Diskussion in allen Lebensbereichen ein Hilfsmittel des Problemlösens ist.

Eine der Voraussetzungen der offenen Gesellschaft ist daher die Institutionalisierung der Kritik. In einem demokratischen System ist eine Form der Kritik der Regierenden institutionalisiert worden: die Möglichkeit des Abwählens der Regierung. Eine Regierung ist nur dann demokratisch legitimiert, wenn sie den Bürgern diese Möglichkeit bietet. In den sogenannten Volksdemokratien wird den Bürgern sogar das Recht verweigert, mit den Füßen abzustimmen. Dies ist vom Standpunkt der Machthaber rational, da sonst wertvolles Humankapital das Land verlassen würde. Der Idealfall wäre ein Wettbewerb der Staaten um Bürger. Er wäre auch im Westen nützlich, denn dann würden sich die Staaten mehr bemühen, ihre Attraktivität als Wahlheimat zu erhöhen. Kurz, der Idealfall wäre ein Wettbewerb der Systeme und ein Wettbewerb der Staaten. Denn genauso wie in der Wissenschaft der Wettbewerb der Theorien für den Erkenntnisfortschritt unerläßlich ist, so ist der Wettbewerb der politischen Ideen für die Verbesserung der Institutionen unerläßlich.

Was aber ist mit »Verbesserung« hier gemeint? Die demokratische Methode ist formal. Sie allein kann eine Gesellschaft freier Menschen nicht zustande bringen. Und wie jede Methode kann sie leicht mißbraucht werden und entartet dann zur Majoritätsdiktatur. Der Begriff der offenen Gesellschaft betont die Rolle der rationalen Diskussion und der Kritik. Aber wie der Begriff der rationalen Diskussion selbst, so bleibt auch der Begriff der offenen Gesellschaft formal.

Sechste These: Der Wertstandpunkt muß durch eine Stellungnahme eingeführt werden. Und nur dann, wenn er explizit gemacht wird, ist eine rationale Kritik eines Wertstandpunktes, eines Moralsystems, möglich. Siebente These: Ein Moralsystem basiert auf einem bestimmten Menschenbild und Menschenideal. Achte These: Karl Poppers Methodologie hat es ermöglicht, das Menschenbild zu verbessern. Der die Philosophiegeschichte beherrschenden Tradition der Begründungsphilosophie im Sinne des klassischen Rationalismus wird nun der kritische Rationalismus gegenübergestellt, der betont, daß wir nicht gezwungen sind, irgendeine Position zu dogmatisieren. Der Wertstandpunkt, der der offenen Gesellschaft im Sinne Karl Poppers zugrunde liegt, basiert auf einem Menschenbild, das neben der Fallibilität auch die Einmaligkeit der Person anerkennt, und auf einem Menschenideal, das die persönliche Freiheit als grundlegenden Wert ansieht. Wenn man von diesem Wertstandpunkt ausgeht und verschiedene Systeme beurteilt, dann wird die entscheidende Frage die Frage: Wie viele Freiheitsräume werden dem Individuum gewährt? Oder anders formuliert: In wie viele Lebensbereiche dringt der Staat ein? Die wichtigste Unterscheidung ist dann zwischen liberalen Rechtsstaaten mit Gewaltenteilung einerseits und monokratischen Diktaturen andererseits. Die Philosophie des kritischen Rationalismus ist eine der Grundlagen der Philosophie der offenen Gesellschaft, des liberalen Rechtsstaates. Diese Lebensform ist vielen Gefährdungen ausgesetzt und heute insbesondere selbstgefährdenden Tendenzen, die aus der Totalisierung liberaler Ideen erwachsen.

Gleichmachen – unfrei machen

Eine Festung ist nur so gut, wie die Besatzung dieser Festung ist. Wie leicht sie zu mißbrauchen ist, kann man an vielen Beispielen illustrieren. Der Staat kann auch in die Hand der Interessenverbände geraten, der Kartellierungen, Gewerkschaften usf. Ein eindrucksvolles Beispiel ist der Fall des schwedischen

Wohlfahrtsstaates. Es ist interessant deswegen, weil hier ein Land mit einem demokratischen ordnungspolitischen Rahmen durch eine stark egalitaristische Ideologie seine Wirtschaft unterminiert hat und dann durch seine Steuerpolitik auf eine Bahn geraten ist, die schließlich sogar sukzessive den Rechtsstaat unterhöhlt. Die Totalisierung der Idee der Gleichheit – einer liberalen Idee – ist die Ursache dieser Entwicklung. Von der liberalen Idee der Gleichheit vor dem Recht – einer der Pfeiler des Rechtsstaates – und der aus ihr ableitbaren Maxime der fairen, nämlich gleichen Wettbewerbsbedingungen für alle wird totalisiert zu der Gleichheit der Resultate des Wettbewerbs, dann zu der Gleichheit der Lebensbedingungen und schließlich zu der Idee, ich würde sagen, der Utopie der möglichst gleichen Schicksale. Im Hintergrund steht dann sehr stark die Idee des Menschen als Nur-Gattungswesen. Diese Ideologie basiert offenbar auf einem völlig anderen Menschenbild als dasjenige, das dem klassischen Liberalismus zugrunde liegt. Dem entspricht auch das Ideal des Staates – Minimalstaat auf der einen Seite, Maximalstaat auf der anderen Seite.

Ich möchte schließen mit einer provokativen These und einer trivialen These. Die provokative These: Das beste Mittel, die Marktwirtschaft und damit eine der Vorbedingungen der offenen Gesellschaft zu zerstören, ist der Begriff der sozialen Gerechtigkeit im Sinne des Egalitarismus. Die triviale These: Die Erhaltung der offenen Gesellschaft ist eine ständige Aufgabe. Ob diese Lebensform, die eine einzigartige Ausnahme in der Geschichte der Menschheit darstellt und die nur ein sehr kleiner Teil der Menschheit das Glück hat zu erleben, erhalten werden kann, das wird von der jungen Generation abhängen, also davon, ob diese Generation gewillt sein wird, diese Lebensform nach außen und nach innen zu verteidigen.

Slade: Unter dem Titel des heutigen Themas »Die offene Gesellschaft« geht es in erster Linie um den Menschen. Natürlich hat dieses Thema viel mit Politik zu tun, aber nicht ausschließlich mit Politik, und ich will deshalb versuchen, eine angeblich unpolitische Institution zu kritisieren: das Bildungswesen. Meine These ist einfach, aber ich glaube, sie ist nicht unbedeutend: In der Schule werden wir fast alle dazu erzogen, Autoritäten anzuerkennen. Ich behaupte, daß die kritische Fähigkeit des menschlichen Denkens in der Schule und zum Teil an der Universität nicht gefördert, vielleicht sogar unterdrückt wird. Ich glaube, daß die Lehrer verpflichtet sind, junge Menschen zum kritischen Denken zu erziehen, so daß sie in Zukunft einen Beitrag zur offenen Gesellschaft leisten können.

Mit zwölf Jahren habe ich meinen Physiklehrer gefragt: Was ist Energie? Inzwischen weiß ich, daß so eine Frage schwer zu beantworten ist. Aber er hat überhaupt nicht versucht, meine Frage zu beantworten. Dies ist ein sehr kleines Beispiel aus meiner Schulzeit. Immer wenn ich während dieser Zeit versuchte, etwas Kritisches zu fragen, bekam ich keine Antwort.

Jeder von uns weiß, daß wir fehlbar sind, sehr fehlbar. Aber unter normalen Umständen geben wir dennoch unsere Fehlbarkeit anderen gegenüber nie oder nur selten zu. Es gibt interessante Ausnahmen. Wenn man zum Beispiel versucht, eine Fremdsprache zu sprechen. Wie oft hört man als Antwort auf die Frage: »Sprechen Sie Deutsch?« – »Ja, ein bißchen.« In diesem Fall gibt der Mensch gerne zu, daß seine fremdsprachliche Kenntnis unzulänglich ist, aber auf anderen Gebieten scheut er sich, es zu tun. Normalerweise versucht der Mensch, seine Fehlbarkeit zu verbergen, zu vertuschen. Es könnte als eine Art Verschwörung betrachtet werden: Wir alle wissen, wie fehlbar wir sind, wie wenig wir wissen, aber niemand gibt es gerne zu. In der Schule sind wir nämlich erzogen worden, als ob unser Kopf ein Kübel wäre – wie Popper es beschrieben hat

– und die Aufgabe des Lehrers darin bestünde, die Information mit dem passenden Trichter einzugießen. Aber wenn wir einsehen, was an unserer Erziehung falsch ist – warum ist es so schwer, sie zu ändern?

Die Schule verbessern: Unglückliche Lehrer loswerden

Popper: Ich war unter den ersten Studenten im Wiener Pädagogischen Institut. Es war der erste Jahrgang, 1925–1927. Ein lieber Kollege aus dieser Zeit, Robert Lammer, sitzt da drüben, und ich möchte ihn begrüßen. Ich war, wie auch Robert Lammer, ein begeisterter Schulreformer. Im Gegensatz zur Praxis der Schulreformer habe ich aber den Theorien der Schulreform immer mißtraut und bin ihnen kritisch gegenübergestanden. Ich habe damals darüber nachgedacht, was das Wichtigste an der Schulreform wäre. Wie kann man wirklich die Schule reformieren? Indem ich damals über meine eigenen Erfahrungen als junger Lehrer an schlechten Schulen nachgedacht habe, bin ich draufgekommen, daß es das Wichtigste ist, schlechten Lehrern in der Schule die Möglichkeit zu schaffen, die Schule zu verlassen. (Zustimmung im Auditorium.) Ich habe gesehen, daß nur Menchen, die eine gewisse Begabung haben – es ist keine eigentlich intellektuelle Begabung, es ist eine innere Beziehung zu Kindern –, gute Lehrer sein können. Und sehr viele Lehrer werden sozusagen von der Schule eingefangen, sind dort unglücklich und können nicht mehr heraus. Ich habe einen ganz einfachen Vorschlag gemacht: Man muß diesen Menschen, die auch nicht schlechter sind als andere, goldene Brücken bauen, damit sie herauskönnen; dann kommen an ihrer Stelle wieder junge Leute, die zum Teil geborene Lehrer sind. Solange viele Lehrer verbitterte Lehrer sind, verbittern sie die Kinder und machen die Kinder unglücklich. Sie bleiben in der Schule bis zu ihrer Pensionierung und atmen auf, wenn sie eine Pension bekommen. Solange in der Schule verbitterte Lehrer sind, und zwar viele verbitterte Lehrer, die aus begreiflichen Gründen die Kinder terrorisieren, auch deshalb, weil sie von ihren Vorgesetzten, zum Beispiel von Inspektoren, eingeschüchtert werden, solange kann die Schule nicht besser werden.

Auch Ärzte müssen irren dürfen

Petrovic: Ich bin heute morgen nicht als Forscher, sondern als Forschungsdirektor eingeladen, als verantwortliches Mitglied einer beruflichen Gemeinschaft, die sich um die gesellschaftlichen Aspekte der Medizin kümmert. Sir Karl Popper hat mich gebeten, vor allem meine beruflichen Erfahrungen in der medizinischen Organisation und in der medizinischen Forschung in den Vordergrund zu stellen.

Ich beginne mit meinem schwersten Problem: Wie soll man dem Kranken am Ende seines Lebens sterben helfen? Das ist für den Arzt eine schwere Aufgabe. Für mich selbst war es noch schwieriger, weil meine Kranken oft junge Leute mit primärem Knochenkrebs oder mit akuten Leukämien waren. Meine Erfahrung: Wenn ein Mensch begreift, daß er eine tödliche Krankheit hat, dann geht er in großen Zügen durch die folgenden vier Phasen: Ganz am Anfang kann er nicht glauben, daß er wirklich bald sterben wird. Er denkt: Könnte es sich nicht um eine irrtümliche Diagnose handeln? In dieser Phase habe ich den Kranken im Zweifel gelassen, um so mehr, als ein Irrtum in der Diagnose in mindestens 15 % der Fälle wirklich möglich ist. Etwas später ist der Kranke sicher, daß er eine tödliche Krankheit hat. Dann fragt er sich: Warum ICH? Nicht nur der Gläubige, sondern auch der Agnostiker sieht oft in seiner Krankheit eine Art von Ungerechtigkeit. Dann habe ich meistens versucht, vernünftig zu argumentieren; das war vielleicht ein Fehler, aber ich selbst bin ein Agnostiker, der nur rational denken und erklären kann. Wenn der Kranke sicher ist, daß er in Kürze sterben wird, geht er danach durch eine Phase von Depression und Hoffnung. Der depressive Zustand ist verständlich, die Hoffnung ist irrational, etwa die Erwartung, daß die medizinische Wissenschaft gerade in diesem Moment eine neue Therapie entdecken könnte. Solche Hoffnungen habe ich nur maßvoll, zurückhaltend gepflegt. Man darf es nicht an Würde fehlen lassen, man darf den Kranken nicht für naiv halten. Schließlich ergibt sich der Sterbende seinem Schicksal. Wie weit ist das psychologisch, wie weit physiologisch? – Wir wissen es nicht.

Ich habe nur das Folgende bemerkt: Wenn der Kranke glaubt, daß sein Leben ein Mißerfolg war (das tut die Mehrheit der Menschen), resigniert er leichter und akzeptiert ein Ende, auch wenn dieses vorzeitig ist, fast mühelos. Im allgemeinen wird der Kranke, welcher diese Phase erreicht hat, in einigen Tagen oder in einigen Stunden sterben; wenn aber der Kranke ein erfolgreiches Leben hatte, dann wird er immer weiter gegen den Tod kämpfen; für einen solchen Kranken ist der Tod – wie jeder andere Fehlschlag – unannehmbar. In dieser letzten Phase ist die Familie fast immer psychologisch unfähig, die Situation zu beherrschen. Für den Arzt ist die Schwierigkeit nicht viel geringer. Wann immer es mir möglich war, bin ich allein mit dem Sterbenden geblieben, ohne irgend etwas zu sagen. Wahrscheinlich habe ich in solchen Momenten begriffen, was »Lebensphilosophie« sein kann. Bestimmt habe ich bedauert, daß wir alle, Mediziner und Laien, so wenig auf den Tod vorbereitet sind. Für mich ist das ein typisches Beispiel eines »geschlossenen« Verhaltens.

Mein zweites medizinisch-soziales Problem ist ein theoretisches: Wann ist ein Mensch klinisch tot, so daß man seine Organe und Gewebe für eine chirurgische Transplantation benützen darf? – Heute ist dieses Problem durch die Elektroenzephalographie gelöst: Der Kranke ist klinisch tot, wenn sein Gehirn tot ist, auch wenn andere Organe und Gewebe noch lebensfähig sind. In den letzten Jahren seit der Schwangerschaftsunterbrechung hat man ein neues Problem: Darf man aus einem noch immer lebenden Fötus – der notwendigerweise sehr schnell sterben wird – Organe, Gewebe und Zellen entnehmen, um sie für die medizinische Forschung und Behandlung zu benützen? Meine Antwort ist, ohne Zögern, positiv (meine persönliche Meinung über die Schwangerschaftsunterbrechung ist ein ganz verschiedenes Problem!). Auf diesem Gebiet hat die heutige Gesellschaft eine viel offenere Betrachtungsweise, auch wenn die würdigen Verfechterinnen der weiblichen Emanzipationsbewegung nur über ihre »historischen Errungenschaften« bei der Kontrazeption und der Schwangerschaftsunterbrechung sprechen.

Meine dritte Berufsproblematik ist unangenehm und äußerst peinlich: Es handelt sich um den medizinischen Irrtum. Wo ist die genaue Grenze zwischen dem Irrtum als Konsequenz unserer mangelnden medizinischen Kenntnisse und dem Fehler als Folge der Unwissenheit des individuellen Arztes? – Nimmt der Chirurg zum Beispiel einen ganzen Arm ab, weil alle Tests gezeigt haben, daß eine sehr bösartige Form eines primären Knochenkrebses an einem Finger besteht, dann studiere ich die Krebszellen mit allen modernen molekular-biologischen Methoden; dafür braucht man mehrere Monate (in einigen Fällen ist der Operierte schon tot, wenn meine Untersuchungen zu Ende gekommen sind). Und dann zeigt sich mitunter, daß der Tumor doch nicht so bösartig war; das bedeutet, daß es vielleicht genügt hätte, den Finger zu amputieren. Ja, aber wie sollte man es rechtzeitig wissen? Natürlich passiert es auch, daß ein unerfahrener Arzt eine eindeutig fehlerhafte Diagnose macht. Darum sollte man viel öfter die sogenannte »Fallanalyse« vornehmen, um aus den Fehlern mehr zu lernen. Man sollte auch jedesmal, wenn ein Kranker im Spital stirbt, eine Obduktion vornehmen. Nach relevanten Schätzungen ist die Diagnose der Krankheit in 15 % der Fälle falsch, und in 30 bis 40 % wußte der Arzt vor der Obduktion nicht, warum der Kranke zu diesem Zeitpunkt gestorben ist. Was hat das alles mit Poppers Philosophie zu tun? Sehr viel und etwas ganz Wesentliches! Durch »Fallanalysen«, durch systematische Obduktion, kann man viel über den medizinischen Irrtum und Fehler begreifen. Karl Popper hat geschrieben: Um zu lernen, müssen wir gerade von unseren Fehlern lernen. Fehler vertuschen ist deshalb die größte intellektuelle Sünde. Fehler zu machen ist menschlich, aber unsere soziale Organisation der Medizin muß *offen* sein, muß kritisierbar sein. Kein Mediziner besitzt die Wahrheit oder wird die Wahrheit besitzen; die medizinische Wissenschaft ist nur die unentwegte Erforschung der Wahrheit. Ich muß auch annehmen, daß der medizinische Forscher in den methodologischen Irrtum verfallen kann, etwas zu suchen, was zugunsten seiner Hypothese spricht, als etwas zu suchen, was die Hypothese widerlegen könnte. Das ist eine Versuchung, die ich selbst mehrfach empfunden habe. Glücklicherweise gibt es für mich seit zwanzig Jahren, wie es meine Mitarbeiter immer wiederholen, den heiligen Popper, der mich vor dieser Versuchung bewahrt.

Popper: Um Gottes Willen ...

Petrovic: Dafür müssen wir, alle Mediziner Ihnen sehr dankbar sein, Sir Karl. (Heiterkeit, Beifall.) Zum Schluß möchte ich noch eine Frage zur Sprache bringen: Wer soll über medizinisch-soziale Fragen entscheiden? Zum Beispiel: Wer soll an einer sogenannten ethischen Kommission teilnehmen? Welche Kriterien sollen für die Entscheidungen gelten? Eine ähnliche Frage kann man stellen, wenn es um die Frage geht, wie das Geld für die medizinische Forschung verteilt werden soll. Ich muß sofort betonen, daß man nie wirklich wissen kann, von welcher Seite die Lösung eines medizinischen Problems kommen wird. Sollen die Mitglieder einer solchen Kommission die Entscheidung durch ein geheimes Wahlsystem treffen? Dann kann aber kein Mitglied der Kommission eine persönliche Verantwortung übernehmen. Infolgedessen ist auch eine konstruktive Kritik über die Auswahl jedes Mitgliedes definitiv unmöglich. Die Fehlerkorrektur und die Verbesserung ist somit ausgeschlossen worden. Anders gesagt, eine solche Kommission wird nicht als das Beispiel einer *offenen*, sondern als das Beispiel einer geschlossenen Gesellschaft funktionieren, das heißt einer Gesellschaft, wo die Fehler durch die Poppersche kritische Prozedur nicht korrigiert, nicht berichtigt werden können.

Meine Forderung: Die Medizin wie die Universität im allgemeinen sollte ein Modell der Popperschen neuen Berufsethik sein. Ein besonders gefährlicher Aspekt des Konfliktes zwischen beruflicher Kompetenz und der Vertretungsvollmacht ist der folgende: Die Vertreter der Gewerkschaften in der Kommission sind entweder stark ideologisch orientiert oder nach bestimmten professionellen Interessen ausgerichtet. In jedem Fall sind die Gewerkschaften meistens eine Illustration der »geschlossenen« Gemeinschaft, das heißt einer Gemeinschaft, welche nicht gerade zur Neuerung und Verbesserung fähig ist. Fast hätte ich gesagt, daß die Angst vor dem wissenschaftlichen, technischen und sozialen Fortschritte sich durch den Wahlerfolg der Gewerkschaften äußern kann! Meine Erfahrung: Wenn die medizinische Kommission durch anonymes Wahlensystem entscheidet und wenn die Gewerkschaftsvertreter in der Mehrzahl sind, dann ist die Zukunft der medizinischen Forschung und Tätigkeit in furchtbarer Gefahr. Karl Popper hat geschrieben: Wir müssen uns klarmachen, daß wir für die Entdeckung und Korrektur der Fehler andere Menschen brauchen (und die anderen brauchen uns!); insbesondere brauchen wir Menschen mit anderen Ideen, die in einer anderen Atmosphäre aufgewachsen sind. Gerade darum möchte ich betonen, daß in jedem Land in allen wissenschaftlichen und medizinischen Kommissionen einige Ausländer Mitglieder sein sollten. Dadurch kann man zweifellos zu einer besseren Entscheidung kommen, wie ich es aus meiner persönlichen Erfahrung in Frankreich und den Vereinigten Staaten gelernt habe. Die medizinischen Forschungsziele und die Forschung sind jedenfalls international.

Kreuzer: Da sich Professor Popper eben selbst gegen die Heiligsprechung gewehrt hat, erlaube ich mir, an dieser Nahtstelle eine gegen den Strich gebürstete Frage an die beiden letzten Referenten und somit auch an Professor Popper zu stellen: Wäre es also richtig, wenn ein Chirurg vor der Operation, wenn er vom Patienten gefragt wird, ob er etwas von Chirurgie verstünde, zur Antwort gibt: »Ja, ein bißchen«? Es steckt darin ein wirkliches Problem. Oder ein Pilot, der dem einsteigenden Fahrgast sagt, er habe »ein bißchen was« vom Fliegen gelernt.

Popper: Ich habe mir diese Frage noch nicht gestellt, aber ich meine, daß er sagen könnte: »Wir wissen leider nicht allzu viel, aber ich werde mir die größte Mühe geben ...« Die Ärzte machen dauernd die größten Fehler, und die Ärzte haben spezielle Gründe, das zu verbergen. Angeblich dürfen sie es nicht sagen, weil die Patienten sonst das Vertrauen verlieren und weil das Vertrauen der Patienten ein wesentliches Element im Heilungsprozeß ist. Ich halte das für falsch. Die Patienten wissen sehr gut, daß die Ärzte Fehler machen, und sie werden mehr Vertrauen haben, wenn die Ärzte es auch offen zugeben.

Ein Popperianer als Journalist

Lingens: Ich bin unter den Teilnehmern dieses Symposiums der einzige Laie. Weder Physiker noch Physiologe, weder Politologe noch Philosoph, sondern Journalist. Verstehen Sie daher bitte, daß ich gar nicht erst versuche, einen eigenständigen Beitrag zum Werk Karl Poppers zu liefern. Alles, was ich anbieten kann, sind Assoziationen zu dem, was ich in diesen Tagen gehört habe. Und dort wieder Assoziationen, die in engem Zusammenhang mit meinem Beruf stehen.

Die erste dieser Assoziationen lautet: Nur in der offenen Gesellschaft gibt es freie Journalisten. In einer geschlossenen Gesellschaft kann zwar gelegentlich eine relativ freie Wissenschaft existieren, ein freier Journalismus existiert dort nie. Das ist an sich nichts Neues. Ich habe nur im Verlauf dieses Symposiums gelernt, sehr viel besser zu verstehen, warum das so ist. In der Terminologie Karl Poppers könnte man die Gesellschaft als einen Organismus bezeichnen, der zu überleben sucht. Das Gesellschaftssystem wäre dann eine Theorie über die Organisation des menschlichen Zusammenlebens, die sich bewähren soll. Unser tägliches Leben ist das *experimentum crucis,* in dem die einzelnen Elemente des gesellschaftlichen Theoriegebäudes falsifiziert werden. Etwa die Behauptung des Marxismus, daß unter bestimmten Voraussetzungen der Staat abstürbe, die Behauptung der bürgerlichen Revolution, daß Gewaltentrennung die Bürgerrechte sichern helfe, oder die Behauptung des Faschismus, daß der Führer den Willen des Volkes verkörpere. Und so fort. Wenn das zur Diskussion gestellte Gesellschaftssystem aus vielen voneinander unabhängigen Hypothesen besteht, dann stellt die Widerlegung einer einzelnen solchen Hypothese kein übertriebenes Unglück dar. Fußt ein Gesellschaftssystem hingegen auf einer einzigen, in sich geschlossenen allumfassenden Theorie, so bedeutet deren Falsifizierung eine gesellschaftliche Katastrophe. Jede geschlossene Gesellschaft muß daher unter allen Umständen darauf bedacht sein, daß eine solche Falsifizierung ihrer Ideologie unter allen Umständen unterbleibt.

Den wahrscheinlich wichtigsten Beitrag zur Falsifizierung falscher gesellschaftlicher Thesen liefert in der offenen Gesellschaft der freie Journalist. Er ist gleichsam das Auge, das Ohr und der Mund des gesellschaftlichen Organismus. Durch ihn ist dieser Organismus imstande zu erfahren und zu artikulieren, wo und wie eine bestimmte ideologische Behauptung widerlegt wurde. Deshalb muß jede Diktatur der Gesellschaft die Augen ausstechen, die Ohren zustopfen und den Mund verschließen. In der geschlossenen Gesellschaft kann es keinen freien Journalisten geben. Die offene Gesellschaft ist ohne freien Journalisten undenkbar. Denn sie lebt davon, daß falsche Theorie, falsche gesellschaftliche Maßnahmen so rasch wie möglich falsifiziert werden, damit sie durch bessere ersetzt werden können. Dafür ist entscheidend, ob der Journalist seine Aufgabe als Auge, Ohr und Mund des gesellschaftlichen Organismus korrekt erfüllt. Ob er, nach bestem Wissen und Gewissen, die Wahrheit schreibt.

Und hier setzt meine zweite Assoziation im Rahmen dieses Symposiums ein. Schon bevor ich hierher gekommen bin, hatte ich irgendwie das Gefühl, daß Karl Poppers »Logik der Forschung« nicht nur das Problem löst, wie wissenschaftliche Theorien zu behandeln sind, sondern daß sie mindestens so sehr die Lösung eines Problems darstellt, das uns Journalisten immer wieder beschäftigt: das Problem unserer »Objektivität«. Es gibt auch im Bezug auf uns eine Theorie, die ich nunmehr die Kübel-Theorie des Journalismus nennen möchte: die Vorstellung, daß wir nur alle Fakten registrieren, alle Überlegungen in uns aufnehmen mögen und daß dann, nachdem sie durch uns durchgegangen sind, der richtige, der wahrheitsgemäße, der objektive Bericht herauskommt. Diese Vorstellung ist auch im Zusammenhang mit dem Journalismus ein Unsinn. So wie der Wissenschaftler hat auch der Journalist so gut wie immer eine bestimmte Hypothese, wie sich ein Ereignis zugetragen haben mag oder wie es zu erklären sei. Auch bei ihm besteht die entscheidende Leistung darin, die eigene Hypothese kritisch abzuklopfen. Um es an einem Beispiel zu sagen: In einem Bericht über sozialen Wohnbau bin ich etwa von der Hypothese ausgegangen, daß privater Wohnbau billiger käme als öffentlich geförderter Wohnbau. Meine Aufgabe, diese Hypothese zu überprüfen, unterscheidet sich in nichts von der des Wissenschaftlers. Ich darf mich nicht darauf beschränken, Beispiele zu finden, wonach Gemeindebauten tatsächlich teurer sind, sondern ich muß versuchen, diese meine These zu falsifizieren: Wenn ich nur einen Gemeindebau finde, der billiger gekommen ist als ein privater Wohnbau, dann ist meine These falsifiziert. Ich bin übrigens tatsächlich auf einen solchen billigen Gemeindebau gestoßen, und nun bin ich vor dem Dilemma gestanden, das wir ebenfalls am ersten Tag behandelt haben: ob ich nämlich meine These tatsächlich wegen dieses einen widersprechenden Experiments auch schon aufgeben muß. So wie der Wissenschaftler habe ich mir daraufhin mein Experiment noch einmal angesehen und habe entdeckt, daß die Gemeinde gewisse Aufschließungs- und Planungskosten nicht in die Baukosten einbezogen hat. Rechnet man sie hinzu, dann stimmt meine These wieder. Damit will ich sagen: Jeder korrekte Journalismus arbeitet in Wirklichkeit nach Poppers Prinzip der Falsifikation. Der ideale Artikel müßte so beschaffen sein, daß auch an seiner Spitze die These steht, die es zu beweisen gilt, und daß der Journalist nun der Reihe nach seine Versuche anführt, die eigene These zu falsifizieren. So anführt, daß der Leser diese Versuche quasi nachzuvollziehen vermag. Daß er die Kette der Schlüsse mitverfolgen und unter Umständen ihren schwachen Punkt oder ihre Widersprüchlichkeit aufdekken kann. Auch der Journalist berichtet also nicht die Wahrheit, sondern er berichtet eine Vermutung über die Wahrheit, die er nach bestem Wissen und Gewissen geprüft hat. Damit gehört es zum Wesen des Journalismus, daß der Journalist sich in soundso vielen Fällen irren kann und irren wird. Denn wenn seine Artikel so beschaffen sind, daß er unter allen Umständen recht behalten muß, dann enthalten sie, wie die entsprechenden wissenschaftlichen Theorien, in Wirklichkeit keine Aussage. Ich halte daher das Eingeständnis des journalistischen Irrtums nicht für eine Schande, sondern in Wahrheit für den sichersten Beweis dafür, daß ehrlicher und korrekter Journalismus betrieben wurde.

Aber die Parallelen gehen noch weiter: Es gibt auch in der Journalistik etwas ganz Ähnliches wie die Einwände Kuhns gegen Popper: die Behauptung nämlich, journalistische Wahrheitsfindung spiele sich in Wirklichkeit ganz anders ab. Nicht jene Berichterstattung setze sich durch, die der Wahrheit am nächsten komme, sondern viel eher jene, die die meisten oder vielleicht auch die demagogischsten Journalisten, die reichste

Zeitung oder die mächtigsten Lobbys auf ihrer Seite habe. Beschränkte sich diese Kritik darauf hinzuweisen, wie viele Gefahren einer wahrheitsgemäßen Berichterstattung drohen, sie wäre wertvoll und ein wesentlicher Beitrag zur offenen Gesellschaft. Aber es wohnt ihr, wie bei Kuhn, eine seltsame Tendenz zur Übertreibung inne. Sie neigt dazu, den möglichen Mißbrauch einer Institution mit ihrer prinzipiellen Unbrauchbarkeit zu verwechseln. An dieser Stelle schließt sich für mich die Assoziationskette zu unserem heutigen Gespräch, das der Gefährdung der offenen Gesellschaft gewidmet war: Immer steht am Anfang des Abbaus der Demokratie die generalisierende und unbewiesene Behauptung, daß es nicht mehr möglich sei, mit den vorhandenen Institutionen zu richtigen Lösungen zu gelangen. Diese Argumentation kleidet sich nur in die verschiedensten Formen: In der Journalistik lautet sie, die Zeitung sei nur ein Instrument der Mächtigen, obwohl sie doch mindestens so sehr ein Instrument der Ohnmächtigen gegen die Mächtigen ist. In der Justiz lautet sie, Gerichte wären prinzipiell nicht fähig, korrekte Urteile zu finden, weil die Richter der herrschenden, die Angeklagten der unterprivilegierten Klasse angehörten – obwohl unsere Gerichte doch in Wirklichkeit geschaffen wurden, um der Willkür der jeweils Herrschenden Einhalt zu gebieten. Die Medizin wird als »Klassenmedizin«, die Kultur als »Hochkultur« zur kostspieligen Befriedigung einer Minderheit abgewertet. Letztes Extrem dieser Haltung ist dann eine Behauptung, die wir aus der marxistischen Kritik am Kapitalismus kennen: Der ganze demokratische Staat sei nichts anderes als ein Instrument der Herrschenden, ihre Herrschaft abzusichern. Wer glaubt, es sei in der Politik, in der Journalistik, in der Wissenschaft sinnvoll und möglich, nach besseren, anständigeren Lösungen, nach Wahrheit zu streben, sei naiv und mache sich lächerlich. Ich halte das für eine der ganz großen Gefahren für die offene Gesellschaft. Mit Popper müßte man sagen: Die Kritik ist gegenüber sich selber unkritisch geworden. Es ist lebensnotwendig für die offene

Gesellschaft, daran zu zweifeln, daß wir die Wahrheit besitzen. Aber lebensgefährlich, daran zu zweifeln, daß sie gefunden werden kann.

Warnung vor unkritischen Kritikern

Eines der großen Probleme meines Berufsstandes besteht darin, daß es kaum irgendwo so viele unkritische Kritiker gibt wie bei uns. Wir leben von der Übertreibung. Niemand hat die gesellschaftlichen Institutionen so häufig diffamiert wie wir: Durchaus lösbare Probleme im Rahmen einer durchaus funktionstüchtigen Justiz haben wir zur »Krise der Justiz« hochstilisiert. Durchaus lösbare Probleme im Rahmen einer im Grunde doch sehr leistungsfähigen Medizin haben wir zur »Krise der Medizin« gemacht. Durchaus lösbare Probleme im Rahmen einer doch erstaunlich widerstandsfähigen Demokratie zur »Krise der Demokratie«. Und alles zusammen nennen wir die Krise der Institutionen oder des Systems. Wir sind es, die mit ganz besonderer Vorliebe den Mißbrauch einer Institution mit ihrer Unbrauchbarkeit verwechseln. Indem wir so, nach der Reihe teils aus Unverstand, teils aus Fahrlässigkeit, die Institutionen abwerten, die die freie Gesellschaft gewährleisten, gefährden wir die freie Gesellschaft selbst. Auf die Wissenschaft übertragen könnte man sagen: Bewährte Theorien werden plötzlich abgekanzelt, ohne daß sie falsifiziert worden wären und ohne daß bessere Theorien vorlägen, durch die man sie ersetzen könnte.

Ich möchte mich darum mit aller Intensität der Überzeugung Karl Poppers anschließen, daß die Probleme lösbar sind. Die Institutionen unserer freien Gesellschaft – die Theorien, nach denen sie gestaltet ist – sind nicht so schlecht, wie wir sie machen. An einem Beispiel, das für viele stehen soll: Eine Zeitlang konnte man in Österreich tatsächlich den Eindruck gewinnen, die Justiz sei außerstande, mit den Verbrechen der Mächtigen, den Wirtschaftsverbrechen im Dunstkreis der Politik, zu Rande zu kommen. Dem lag und liegt ein echtes Problem der Institution zugrunde: Der Staatsanwalt, der ein solches Verbrechen verfolgen soll, ist an die Weisung des Justizministers gebunden. Dieser Justizminister gehört grundsätzlich einer Regierungspartei an. Und diese Regierungspartei ist gerade in Österreich mit seiner riesigen staatsnahen Wirtschaft fast immer in den Skandal verwickelt, den es zu untersuchen gilt. Trotzdem hat die Justiz dieses Problem in den Griff bekommen. Teils indem Richter und Staatsanwälte einfach den Mut hatten, Möglichkeiten, die in den vorhandenen Institutionen durchaus enthalten sind, auch auszunutzen. Teils indem neue Möglichkeiten geschaffen wurden: Das Oberlandesgericht hat die Kompetenzen des Untersuchungsrichters ausgeweitet – und damit freilich wieder neue Probleme geschaffen. Dennoch sind alle diese Probleme prinzipiell lösbar: Man kann ein Weisungsrecht konstruieren, das den Staatsanwalt nicht im bisherigen Ausmaße vom Justizminister abhängig macht. Man kann die allzu großen Kompetenzen des Untersuchungsrichters wieder begrenzen. Und man kann natürlich die Wirtschaft aus dem Einflußbereich des Staates herauslösen. Man muß es nur tun.

Wenn es die Theorie geben sollte, diese Gesellschaft sei unfähig geworden, mit ihren Problemen fertig zu werden, dann läßt sie sich rundum falsifizieren.

Ich selbst möchte das in einem Bereich tun, in dem selbst Optimisten unsere Lage für hoffnungslos halten – in dem der Rüstungskontrolle. Es ist nicht wahr, daß wir zu Rüstungsbeschränkung außerstande sind. Eines meiner Idole im Bereich der Wissenschaft ist der Physiker Victor Weisskopf. Dieser Weisskopf war längere Zeit hindurch – leider ist das schon sehr lange her – unter den Beratern des Weißen Hauses. Als solcher ist er mit der Frage konfrontiert worden, ob die USA Raketenabwehrraketen konstruieren sollten. Er hat sich dagegen ausgesprochen und zuerst einmal ein finanzielles Argument ins Treffen geführt: Mit einer solchen Rakete konnte man damals –

wenn ich mich richtig erinnere – nur drei anfliegende Raketen abschießen. Es war aber billiger, vier Angriffsraketen herzustellen als eine Abwehrrakete. Die Militärs haben gegen Weisskopf eingewendet, daß man irgendwann eine Abwehrrakete mit fünf, vielleicht sogar noch mehr Sprengköpfen würde konstruieren können, dann würde sich das Verhältnis umkehren. Daraufhin hat Weisskopf einen genialen Vorschlag gemacht: Man sollte diese Raketen doch auf dem Papier entwickeln und die Sowjets mit den Plänen konfrontieren, um sie zum Einlenken zu bewegen. Ganz ist Weisskopfs Plan leider nicht aufgegangen: Die Techniker haben erklärt, allein auf dem Papier ginge das nicht. Aber das Programm, das ursprünglich als riesiges Rüstungsprogramm gedacht war, wurde doch auf einen Bruchteil seiner ursprünglichen Dimension reduziert. Und aus den von Weisskopf angeregten Verhandlungen ist die Konzeption von SALT gewachsen, wonach keine Supermacht ihr Angriffspotential durch Installierung eines umfassenden Abwehrsystems unverletzbar machen dürfte. Die Behauptung, es sei unmöglich, den Frieden durch Rüstungsübereinkommen der Supermächte zu stärken, war falsifiziert. Es ist dies meine letzte Assoziation im Rahmen dieses Symposiums: Ich glaube, es gibt kein schöneres Beispiel als dieses, um Poppers Behauptung zu belegen, daß der Mensch als einziges Lebewesen die ungeheure Chance habe, Ideen an seiner Statt sterben zu lassen

Popper: Ich muß sagen, daß das der schönste Beitrag war, den ich bisher gehört habe. Ich möchte nur zwei Bemerkungen machen: Es ist nicht ganz richtig, obzwar es ja hauptsächlich als Konzession gegenüber dem Gegner gesagt wurde, daß unter der Diktatur die freie Wissenschaft wirklich möglich ist. Man braucht nur daran zu denken, daß unter Stalin ein Wissenschaftler namens Lysenko einen großen Einfluß in Rußland gehabt hat und seine Gegner ermordet hat: Sie wurden nach Sibirien geschafft und sind dort verschwunden. Lysenko war ein Genetiker, der ein Gegner des Mendelismus war. Für eine so abstrakte Frage der Genetik war es möglich, wissenschaftliche

Gegner zu töten – weil sie recht hatten, sonst wäre die Brutalität ja überflüssig gewesen: Gerade weil die Gegner recht gehabt haben, gab es nur ein Mittel, sie loszuwerden, nämlich sie verschwinden zu lassen. Das ist unter einer Diktatur möglich. Dann noch eine Bemerkung zur Feststellung, die Justiz sei mit einem Problem »fertig geworden«. Ich habe eine Assoziation zu »fertig« – *man wird nie fertig*. Das ist entscheidend wichtig für alle Demokratien. Im Augenblick, wo du glaubst, du bist mit einem Problem fertig, ist alles verloren. Wir werden nie fertig, unsere Probleme gehen immer weiter.

Kreuzer: Sie haben bemerkt, bei Professor Popper kommt man auch bei größtmöglichem Lob nicht ohne einen kleinen Tadel davon. Trotzdem will es der Professor Leser jetzt versuchen.

Warum Sacharow für die Sowjetunion gefährlich ist

Leser: Wir müssen ausgehen von der Fehlbarkeit, von der Korrigierbarkeit – und das ist ein Prinzip, das sowohl für die Wissenschaft als auch für die Politik gilt, und deshalb ist ein innerer untrennbarer Zusammenhang zwischen einer freien Gesellschaft, abgesichert durch politische Institutionen, und der Freiheit der Wissenschaft und der Forschung. Dann nämlich, wenn diese Freiheit und Alternative im politischen Bereich nicht gegeben ist, besteht die große Gefahr, daß diejenigen, die an den Schalthebeln der Macht sitzen, ihre Macht auch dazu gebrauchen, um ihnen unliebsame Theorien zum Schweigen zu bringen.

Und weil heute Sir Popper die Sowjetunion als Beispiel erwähnt, möchte ich ein Beispiel einbringen, das Ihnen allen geläufig ist, über das man aber doch einmal nachdenken sollte: nämlich das Problem der Dissidenten, die ja auch bei uns im Westen leben und sich sehr vernehmlich machen. Wieso ist es möglich, daß sich eine so große Macht wie die Sowjetunion, die angeblich auf der Zustimmung der Arbeiter und Bauern, auf einer Diktatur der großen werktätigen Massen beruht, vor ein paar Dutzend oder hundert Schriftstellern fürchtet und nicht mit ihnen fertig wird, außer sie einzusperren oder außer Landes zu verweisen oder, wie bei Sacharow, zu verbannen? Wobei dieser Sacharow das Musterbeispiel eines Intellektuellen ist, der nichts anderes will, als was wir alle – und auch die Kritiker unseres Systems – voll in Anspruch nehmen, nämlich seine Meinung zu sagen. Wieso ist die Furcht so groß? Sie ist doch irrational. Wahrscheinlich würden diese paar Dissidenten, auch wenn sie frei publizieren könnten, an der Millionenmasse der amorphen Menschen, die dort leben, abprallen. Aber ich glaube, es ist doch eine berechtigte Sorge, die die Exponenten dieses Systems haben, daß, wenn der Geist frei zirkulieren könnte, die Folgen dann nicht absehbar sind. Deshalb werden sie vom Standpunkt ihres Systems aus konsequent schon in den Anfängen bekämpft – und es kommt vielleicht noch ein Grund dazu, der diese irrationale Abwehr und Überreaktion gegen ein paar Dutzend Schriftsteller erklärt, nämlich die Tatsache, daß die Bolschewiki selber als revolutionäre Minderheit von Verschwörern inmitten einer amorphen Millionenmasse groß geworden sind und jetzt in den Dissidenten sozusagen an ihre eigenen Ursprünge erinnert werden, wodurch die paranoiden Angstreaktionen ausgelöst werden.

Aber man sollte nicht nur auf andere Systeme herabschauen und sie kritisieren. Wir könnten ja auch sagen, daß wir in Österreich einen sehr weiten Weg zurückgelegt haben von der Vergangenheit, auch der großen Vergangenheit, von der Karl Popper gesprochen hat, zur Gegenwart. Denn so achtunggebietend die Leistungen waren, von denen er gesprochen hat unter Seitz und Renner und Glöckel, man muß doch feststellen: Es waren zwar keine politischen Systeme im Sinne des Kommunismus oder Faschismus, aber es waren doch geschlossene Gesellschaften, die da nebeneinander leben mußten: auf der einen Seite die Sozialdemokratie, auf der anderen Seite die Christlich-Sozialen – und diese Gegenwelten haben nicht nur koexistiert, sondern haben gegeneinander gewirkt. Der Bürgerkrieg war die logische Konsequenz und nicht ein bloßer Betriebsunfall. Wir haben in Österreich zwar unsere Gesinnungen nicht abgelegt, aber wir sind insofern eine offene Gesellschaft, daß es jetzt schon im Laufe der Zeit nicht nur verschiedene Regierungskoalitionen gibt, sondern auch eine Gesprächsbasis zwischen Menschen verschiedener Gesinnung. Ich glaube, ein Fortschritt, den man auch dankbar anerkennen sollte, gerade in einem Land, in dem die Intoleranz in der Vergangenheit so mächtige Wurzeln gehabt hat.

In dem Sinne würde ich sagen: Bei aller Kritik, die der Intellektuelle immer wieder an die Gesellschaft anlegen soll, sollte er doch diese Errungenschaften nicht einfach verschmähen, sondern auch dankbar annehmen und auch nicht etwas tun, was sehr viele Kritiker unseres Systems tun, nämlich diese Freiheiten, die wir alle wie selbstverständlich in Anspruch nehmen, als bloß formale Freiheiten abzuqualifizieren und zu irgendeiner angeblichen materiellen Freiheit, die es nirgendwo gibt, in Gegensatz zu stellen.

Freiheiten müssen ausgeübt werden

Es stellt sich nämlich heraus, daß Freiheiten, wenn sie nicht formal abgesichert sind durch entsprechende Prozeduren und Rechte, nur ein Stück Papier sind. Denn auch unter Stalin hat es in der großen Verfassung von 1936 alle Rechte gegeben, nur war dort auch eine Generalklausel, die das alles hinterrücks zurückgenommen hat: Es hat keinen gangbaren Weg gegeben, zu seinem Recht zu kommen. Also die Formalität der Demokratie und des Rechtes ist keine Belastung, sondern dient dem Schutz des Menschen und auch dem Schutz des Wissenschaftlers, und deshalb sollten alle politisch und wissenschaftlich und philosophisch handelnden Menschen zusammengreifen, um diese Errungenschaften nicht in Vergessenheit geraten zu lassen. Wir sollten sie nicht durch Abqualifizieren durch etwas zu ersetzen suchen, was keinesfalls besser ist, sondern ein viel größeres Risiko für die Freiheit in sich birgt.

Popper: Auch das ist mir ganz aus dem Herzen gesprochen. Ich möchte zuletzt noch einmal sagen: Versuchen Sie, die Welt als das anzusehen, als was man sie sicher ansehen kann: als einen wunderschönen Platz, den wir wie einen Garten noch verbessern und kultivieren können. Versuchen Sie dabei die Bescheidenheit eines erfahrenen Gärtners anzuwenden, eines erfahrenen Gärtners, der weiß, daß ihm viele seiner Versuche mißglücken werden. (Beifall)

Kreuzer: Wir haben an diesen drei Tagen einen Karl Popper in drei Welten erlebt: einen Karl Popper der Welt Eins, einen Mann von 81 Jahren in bewundernswerter Kondition; wir haben einen Karl Popper der Welt Zwei erlebt mit einer phantastischen Fähigkeit, Gedanken vorzutragen und sich die Welt Eins seines nicht mehr jungen Organismus zu unterwerfen. Ich werde an ein Klavierkonzert von Rubinstein im selben hohen Alter erinnert. Und wir sind der Welt Drei Karl Poppers begegnet, von der ich nicht sagen darf, daß sie im wissenschaftlichen Sinn unsterblich ist. Unsterblich ist sie also vielleicht in einem Aspekt, daß sie auch große Schönheit enthält wie die Welt der Kunst, wie die Unvollendete Schuberts. In diesem Sinn glaube ich das Wort »Unsterblichkeit« für diese Welt Karl Poppers verwenden zu dürfen. Vielleicht werde ich noch getadelt dafür. Ich danke Ihnen, meine Damen und Herren. Das Symposium ist beendet.

Nachwort

von Karl R. Popper
(Dezember 1984)

Die hier vorliegende Übertragung der dreitägigen Diskussion in Wien konnte ich erst vor kurzem durchlesen. Ich bin den Teilnehmern für ihre Mitarbeit zu größtem Dank verpflichtet.

Mit dem, was ich selbst am dritten Tag sagte, bin ich äußerst unzufrieden. Ich sagte nämlich so gut wie nichts über das Thema des dritten Tages, »Die offene Gesellschaft«. Ich möchte versuchen, das hier gutzumachen.

Der Ausdruck »offene Gesellschaft«, in Gegensatz zu »geschlossene Gesellschaft«, stammt von dem bedeutenden französischen Philosophen Henri Bergson (1859–1941) und in anderer Verwendung aus meinem Buch *Die offene Gesellschaft und ihre Feinde* (zuerst veröffentlicht 1945, in englischer Sprache). Ich entschloß mich, dieses Buch zu schreiben, an dem Tag, als ich die Nachricht erhielt, daß Hitler in Österreich einmarschiert war.

Das Buch ist eine Verteidigung der Demokratie, geschrieben in einer Zeit, als die Demokratie nicht viele überzeugte Anhänger hatte: Fast jeder, der damals schrieb oder mit dem ich zu sprechen Gelegenheit hatte, prophezeite das nahe Ende der Demokratie und den Sieg des Rechtsfaschismus oder des Linksfaschismus, und jedermann sprach von der inneren Schwäche der Demokratie.

Mit dem Ausdruck »offene Gesellschaft« bezeichne ich nicht sosehr eine Staatsform oder Regierungsform, sondern eher eine

Art des menschlichen Zusammenlebens, in dem Freiheit der Individuen, Gewaltlosigkeit, Schutz der Minderheiten, Schutz der Schwachen wichtige Werte sind. In unseren westlichen Demokratien sind diese Werte für die meisten Menschen geradezu Selbstverständlichkeiten.

Daß diese Werte für uns so selbstverständlich sind, ist eine der Gefahren, die die Demokratie bedrohen. Denn nur wenige der Menschen haben genug Phantasie, um sich das Leben in einer modernen nicht-demokratischen Gesellschaft vorstellen zu können. George Orwell hat die notwendige Phantasie besessen. Sein Buch *1984* ist vielleicht etwas, aber nicht wesentlich übertrieben. Der nationalsozialistische Staat war wohl noch unmenschlicher, als Orwell ihn zeichnete; aber er war technologisch weniger entwickelt.

Aber sprechen wir lieber über die Idee der offenen Gesellschaft und ihren Grundwert, die menschliche Freiheit. Der Weg zu diesen Ideen ist lang. In Europa finden wir die Idee der Freiheit zuerst bei Homer. Hector spricht zu Andromache von dem Tag, an dem Troja fallen wird und die Trojanerinnen ihrer Freiheit beraubt werden. Er spricht vom »Tag der Freiheit« und vom »Tag der Knechtschaft«. (Er hätte von der Nacht der Knechtschaft sprechen sollen.) Es ist das Weiterleben nach dem Verlust des Menschentums. Die Männer haben es besser: Sie werden im Kampf fallen.

Die Homerischen Epen, die Ilias und die Odyssee, waren die ersten Bücher Europas. Sie wurden in Athen zum ersten Mal niedergeschrieben und um 550 vor Christi Geburt in vielen Exemplaren verbreitet. Sie wurden zur Fibel und zur Bibel Athens. Athen lernte lesen, Bücher wurden kopiert und veröffentlicht; und Athen wurde demokratisch. Und unmittelbar darauf wurde Athen zum Führer der griechischen Stämme in den Freiheitskriegen gegen die Perser. Das war, in Kürze, die Geburt der europäischen Idee der Freiheit und der europäischen Zivilisation.

Die athenische Demokratie war sehr unvollkommen. Die

athenischen Bürger waren frei. Aber sie hatten Sklaven. Wie Sie wohl wissen, gab es Leibeigene in Mitteleuropa und Rußland und Sklaven in Amerika bis in die zweite Hälfte des vorigen Jahrhunderts, und ein furchtbarer Bürgerkrieg brach in Amerika über das Problem der Sklaverei aus, bevor die Sklaverei abgeschafft wurde.

Die Geschichte Europas und der amerikanischen Republiken ist, so kann man wohl sagen, die Geschichte eines Kampfes um die Freiheit. Bisher hat er 25 Jahrhunderte gedauert; 25 Jahrhunderte voll von Niederlagen. Es ging um Freiheit und gleiches Recht für alle. Um zu beurteilen, was in 100 Jahren erreicht wurde, dürfen wir nicht vergessen, daß Leibeigenschaft in Österreich erst unter Kaiser Franz Joseph abgeschafft wurde, den ich als Kind noch oft gesehen habe.

Aber der Kampf um die Freiheit und um die Achtung vor dem Menschen, dem Menschenleben und der Freiheit des Menschen geht weiter. *Denn es gibt keine einfachen Lösungen.* Das ist eine überaus wichtige Einsicht. Alle unsere Werte haben Grenzen. Und diese Grenzen können nur schwer gezogen werden.

So ist es mit der Freiheit. Es ist klar, daß meine Freiheit Grenzen haben muß. Wie ein amerikanischer Richter einst sagte: »Die Grenze für deine Freiheit, deine Fäuste so zu bewegen, wie es dir beliebt, ist die Nase deines Nachbarn.« So kommen wir zu dem, was der große Philosoph Kant als die durch das Zusammenleben der Menschen unvermeidlichen Beschränkungen der Freiheit beschrieben hat. Diese Beschränkungen sollen möglichst gleich verteilt werden.

Wir brauchen den Staat und seine Gesetze, um zu erreichen, daß für alle Bürger die unvermeidlichen Grenzen ihrer Freiheit die gleichen sind.

So führt die Idee der Freiheit unvermeidlich zur Idee der Gleichheit. Aber die Idee der Gleichheit enthält Gefahren für die Idee der Freiheit. Wenn es die Aufgabe des Staates ist, über die Gleichheit der Rechte und Pflichten der Staatsbürger zu wachen, so wird die Staatsmacht zu einer Gefahr für die Freiheit. Das haben viele Denker gesehen. Die Gefahr kann die Bürokratie sein, die zur herrschenden Klasse wird und damit nicht nur die Freiheit, sondern schließlich auch die Gleichheit bedroht und unter Umständen vernichtet: Wir können nicht nur von einem Diktator versklavt werden, von einem Mussolini, Stalin oder Hitler, sondern auch vom Staat selbst, von einer anonymen Bürokratie. Diese Gefahr wurde sehr klar von Alexis de Tocqueville analysiert, in seinem großartigen Werk *Die Demokratie in Amerika* (veröffentlicht 1835 und 1840), und später von Max Weber.

Ich kann mich an den Platz in Wien erinnern (es war hinter dem Gutenberg-Denkmal am Lugeck), an dem ich, im Jänner 1918, plötzlich sah, daß eine vollkommene oder sehr annähernd vollkommene Gesellschaftsordnung sich kaum lange erhalten kann: Wenn es den Menschen sehr gut geht, wird ihnen die freie Atmosphäre zur Selbstverständlichkeit, und sie werden die Wachsamkeit verlieren gegen die Gefahren, die die Freiheit bedrohen. Solange es ehrgeizige, machthungrige Menschen gibt, werden sie deshalb eine allzu glückliche Gesellschaftsform leicht ins Unglück stürzen. (Das war auch die Idee, die die athenischen Bürger zur Einführung und Anwendung des Ostrazismus – des Scherbengerichts – inspirierte, durch das sie Aristides und Themistokles und andere in die Verbannung schickten.) *Es kann keine vollkommene Gesellschaft geben.*

Es gibt noch viele andere Gründe, die eine zu vollkommene Gesellschaftsordnung entweder in Unfreiheit stürzen oder sonst nicht lebensfähig machen würden. Viele Utopien sind in Amerika versucht worden; und wir sollten von einer offenen Gesellschaft verlangen, daß sie solche Versuche nicht nur duldet, sondern fordert. Aber jene Utopien, die frei waren, zerfielen bald; und jene, die nicht zerfielen, waren unfrei: Sie waren von einem religiösen oder ideologischen Dogma geleitet.

Gesellschaftsordnungen können nicht besser sein als ihre Mitglieder. Und obwohl Erziehung viel tun kann, so bedeutet das ja nur, daß Menschen auf andere (und insbesondere auf jüngere) einwirken können. Aber wirklich gute Erzieher sind nicht häufig. Und auch geborene Erzieher und Lehrer können ihrer Tätigkeit müde werden.

Damals, als mir klar wurde, daß es keine vollkommene Gesellschaftsordnung geben kann, war ich Mitglied einer Jugendbewegung. Ich war über 16 Jahre alt und gehörte einer völlig unorganisierten Jugendgruppe an. Es war eine sehr nette Gruppe. Wir machten Ausflüge, gingen in die Berge, diskutierten und hofften, die Welt zu verbessern. Und wir rauchten nicht, tranken keine alkoholischen Getränke und – selbstverständlich – nahmen keine Drogen.

Aber selbst innerhalb dieser Gruppe gab es Spannungen, wenn auch wohl unwichtige, und Unstimmigkeiten, die nicht hätten vorkommen sollen. Sogar diese Gruppe war eine unvollkommene Gesellschaft. Obwohl ich ihrer Lebensweise treu blieb und obwohl ich noch mit fünf der Überlebenden befreundet bin, verließ ich sie, weil ich in Kinderheimen arbeitete und mit den Kinderfreunden: weil andere Gruppen wichtiger wurden. Aber keine Gruppe war vollkommen, und die Unvollkommenheiten nahmen zu mit der Größe der Gruppen.

Immer wieder wurde der Versuch gemacht, die Menschen mit Gewalt zusammenzuhalten oder mit Drohungen. Die Drohung mit der Hölle war so ein Versuch. Formen des Terrorismus sind mehr zeitgemäß.

Die Versuche unserer westlichen Demokratien, mit dem mildesten, dem tolerantesten Strafrecht zu arbeiten, das es je gegeben hat, sind sicher nicht vollkommen erfolgreich, aber doch besser als alles in der Vergangenheit.

Nun zur Frage der politischen Macht. Plato formulierte das Problem folgendermaßen: *Wer soll herrschen?* Die wenigen oder die vielen? Seine Antwort war: Der Beste soll herrschen! Das wäre auch die Antwort von Mussolini gewesen oder die von Hitler. Die Frage blieb im wesentlichen immer dieselbe.

Marx fragte genauso: »Wer soll herrschen? Die Kapitalisten oder die Arbeiter?«

Aber die Frage »Wer soll herrschen?« ist schlecht gestellt. Ich habe vorgeschlagen, sie durch eine andere zu ersetzen. Nämlich durch die Frage: Wie können wir den Staat und die Regierung organisieren, daß auch schlechte Herrscher keinen allzu großen Schaden anrichten können? Die Antwort auf diese Frage ist die Demokratie, die uns erlaubt, eine Regierung ohne Blutvergießen abzusetzen. Man denke etwa an die Absetzung (formal war es eine Selbstabsetzung) des Präsidenten Nixon.

Natürlich werden wir versuchen, eine gute Regierung zu bekommen. Aber das wird uns nicht immer gelingen. Churchill, der ein guter Demokrat war, sagte einmal: »Die Demokratie ist die schlechteste Regierungsform – ausgenommen alle anderen Regierungsformen, die je versucht worden sind.« Diese Bemerkung von Churchill könnte vielleicht folgendermaßen interpretiert werden: Wenn du eine vollkommene Gesellschaft anstrebst, so wirst du sicher gegen die Demokratie sein. Aber du wirst nichts Besseres zusammenbringen. Politik bedeutet, das kleinere Übel zu wählen.

Wir müssen uns klar sein, daß wir Demokraten nur für unsere westlichen Demokratien verantwortlich sind. Die Staaten der Dritten Welt würden es nicht zulassen, daß wir die Verantwortung für ihre Probleme übernehmen. Denn das wäre ja Kolonialismus. Aber was unsere Probleme betrifft – Armut, Hunger, ungerechte Rechtsprechung und grausamer Strafvollzug, Schutz der sprachlichen, religiösen, ethnischen Minderheiten, Sklaverei und andere Formen der Knechtschaft –, so haben wir diese Dinge besser gemacht als je zuvor. Und was das große Problem der Arbeitslosigkeit betrifft, so *versuchen* wir, es zu lösen.

Ich möchte alle diese Punkte in den Satz zusammenfassen: Unsere westlichen Demokratien sind die gerechtesten Gesellschaftsordnungen, die es bisher in der Geschichte gegeben hat; und sie sind die besten, weil sie die reformfreudigsten und die selbstkritischsten Gesellschaftsformen sind. Wir alle möchten sie natürlich weiter verbessern. Die, die sie schlecht finden, wissen nicht, wie die Alternativen aussehen. Sie sind Opfer der Propaganda, die uns in eine viel weniger freie und weniger gerechte Gesellschaftsordnung locken will und deshalb unsere Gesellschaftsordnung als schlecht darstellt.

Was den Krieg betrifft und die Atombombe, so hat auch die Atombombe etwas Gutes erreicht: Zum ersten Mal in der Geschichte der Menschheit will niemand mehr den Krieg, weder im Westen noch in Rußland. (Die russischen Führer hoffen, daß wir den Mut verlieren und ohne Krieg klein beigeben.) Daß wir alle endlich gegen den Krieg sind, ist ja doch eine wichtige Tatsache. Aber die Kriegsverhinderung ist ein sehr ernstes Problem und kann nicht in einem Nachtrag zu einer Diskussion behandelt werden.

Ein demokratischer Staat kann nicht besser sein als seine Staatsbürger. So müssen wir hoffen, daß die großen Werte einer offenen Gesellschaft – Freiheit, gegenseitige Hilfe, Wahrheitssuche, intellektuelle Verantwortlichkeit, Toleranz – auch in Zukunft als Werte anerkannt werden. Dafür müssen wir unser Bestes tun.

Verzeichnis der Beiträger

W. W. Bartley III ist Gastprofessor an der Hoover Institution on War, Revolution and Peace und Prof. für Philosophie an der California State University. (Zur Fußnote auf Seite 107: Für eine detaillierte Diskussion dieser Thematik vgl. W. W. Bartley III: »Knowledge is a Product Not Fully Known to Its Producer«, in: The political economy of freedom. Essays in honor of Friedrich A. von Hayek on his eighty-fifth birthday. Ed. by Leube, Kurt R./Zlabinger, Albert H., München 1984.)

Marianne Fillenz, Studium der Medizin mit dem Schwerpunkt Neurophysiologie, seit 1963 Universitätsdozentin in Oxford/England.

Franz Kreuzer (vgl. S. 2 in diesem Buch).

Norbert Leser, geboren 1933 in Oberwart/Burgenland, Jurastudium, 1971 Prof. für Politikwissenschaft an der Universität Salzburg, seit 1980 Prof. für Gesellschaftsphilosophie an der Universität Wien.

Peter Michael Lingens, geboren 1939 in Wien, Journalist bei österreichischen Tageszeitungen. 1970 Mitbegründer des Nachrichtenmagazins profil, derzeit dessen Herausgeber und Chefredakteur.

Konrad Lorenz (vgl. S. 2 in diesem Buch).

Irene Papadaki, geboren 1945 auf Kreta, Studium der Philosophie, Geschichte und Archäologie, Wiss. Assistentin an der Universität Ioannina/Griechenland, Forschungsaufenthalte an der Universität Basel und der London School of Economics.

Alexandre Petrovic, geboren 1925, Studium der Medizin, Forschungsaufenthalte in Kanada und den USA, seit 1976 Prof. für Physiologie an der Universität Straßburg.

Karl R. Popper (vgl. S. 2 in diesem Buch).

Gerard Radnitzky, geboren 1921 in Znaim/Tschechoslowakei, Studium der Philosophie, Psychologie und Pädagogik, 1972 Prof. für Philosophie an der Universität Bochum, seit 1976 Prof. für Wissenschaftstheorie an der Universität Trier.

Rupert Riedl, geboren 1925 in Wien, Studium der Medizin, Anthropologie und Biologie, 1960 Prof. für Zoologie an der Universität Wien, 1965 Prof. an der University of North Carolina, seit 1971 wieder an der Universität Wien.

Franz Seitelberger, geboren 1916 in Wien, Studium der Medizin, 1954 Habilitation für Neurologie, seit 1959 Prof. für Neurologie an der Universität Wien, seit 1970 Direktor des Instituts für Hirnforschung der Österr. Akademie der Wissenschaften.

Roman Sexl, geboren 1939 in Wien, Studium der Physik, 1962 am Institute for Advenced Study in Princeton, 1963–68 Prof. für Physik an verschiedenen Universitäten in den USA, seit 1969 an der Universität Wien, gestorben 1986 in Wien.

Ivan Slade, geboren 1948 in London, Studium der Physik, Research Fellow an der London School of Economics und Assistent von Karl Popper.

Gerhard Vollmer, geboren 1943, Studium der Mathematik, Physik, Chemie und Philosophie, seit 1981 Prof. am Zentrum für Philosophie und Grundlagen der Wissenschaft der Universität Gießen.

Friedrich Wallner, geboren 1945 in Weiten/Niederösterreich, Studium der Philosophie, Psychologie, Klassischen Philologie, Germanistik und Pädagogik, seit 1981 Dozent für Philosophie an der Universität Wien.

Paul Weingartner, geboren 1931 in Innsbruck, Studium der Philosophie, Physik, Mathematik, Psychologie und Pädagogik, seit 1971 Prof. für Philosophie an der Universität Salzburg.

Karl R. Popper
Auf der Suche nach einer besseren Welt

Vorträge und Aufsätze aus dreißig Jahren.
282 Seiten. Serie Piper 699

»Die Textsammlung ist selbst für versierte Popper-Kenner noch anregend und aufschlußreich!«
Das Parlament

Karl R. Popper/John C. Eccles
Das Ich und sein Gehirn

Aus dem Englischen von Angela Hartung und Willy Hochkeppel, unter wissenschaftlicher Mitarbeit von Otto Creutzfeldt.
699 Seiten mit 66 Abbildungen. Serie Piper 1096

»Ein ungemein gedankenreiches Buch, das seine Hypothesen in ruhiger, verständlicher Sprache vorträgt. Die Autoren führen ein in ein wichtiges Gebiet heutiger Philosophie und Naturforschung, ohne die vielfältigen problemgeschichtlichen Zusammenhänge zu vernachlässigen.«
Frankfurter Allgemeine Zeitung

Karl R. Popper/Franz Kreuzer
Offene Gesellschaft – Offenes Universum

Ein Gespräch über das Lebenswerk des Philosophen.
99 Seiten. Serie Piper 476

Thema des von Franz Kreuzer mit Karl Popper geführten Gesprächs ist das gesamte Lebenswerk Poppers. Dabei wird zunächst der für Politik und Gesellschaftskritik relevante Teil der Popperschen Philosophie in Erinnerung gebracht, der bereits 1919 zu einer Kritik am Marxismus und, später, am Historizismus führte. Erkenntnistheorie und Wissenschaftstheorie sind fester Bestandteil von Poppers Denken. Er zeigt einen Kosmos, in dem es keine Bestätigung von Wahrheiten, sondern nur Widerlegung von Irrtümern gibt. Popper gelangt zu einer eindrucksvollen Begründung von Toleranz: »Nur wenn wir wissen, daß wir irren können, sind wir bereit, die Meinung des anderen zu respektieren.«

PIPER